LES

MOINES EN GAULE

PARIS. — E. DE SOYE, IMPRIMEUR, PLACE DU PANTHÉON, 2.

LES
MOINES EN GAULE

SOUS

LES PREMIERS MÉROVINGIENS

[CHAPITRES I A VI]

PAR

M. LE COMTE DE MONTALEMBERT

DE L'ACADÉMIE FRANÇAISE

PARIS
E. DE SOYE, IMPRIMEUR-LIBRAIRE
Dépôt rue de Mézières, 6.

1869

Désirant donner à *l'œuvre de Saint-Michel pour la publication des bons livres* une preuve de sa bienveillance toute particulière, M. le comte de Montalembert a bien voulu nous autoriser à détacher de son magnifique ouvrage *les Moines d'Occident* [1] une partie notable présentant un récit non interrompu. Notre choix s'est naturellement porté sur le livre VII, qui intéresse si vivement notre pays et met dans une si complète lumière les origines de nos premiers établissements monastiques.

Nous saisissons cette occasion pour exprimer de nouveau notre profonde reconnaissance au grand écrivain, au chrétien éprouvé, et nous demandons à tous nos lecteurs d'unir leurs vœux aux nôtres pour obtenir de Dieu le prompt rétablissement d'une santé si précieuse à la cause de l'Église, et si nécessaire pour l'achèvement de l'immortel monument que l'auteur a commencé d'élever à la gloire des moines d'Occident.

Paris, ce 20 avril 1869.

---

[1] Chez Lecoffre fils et Ce, 90, rue Bonaparte, 5 vol. in 8°, 36 fr.; 5 vol. in-12, 20 fr.

LES MOINES EN GAULE

SOUS LES PREMIERS MÉROVINGIENS

> Si quid hoc in opere vobis præclarum videbitur, id veterum est, iis impertite quam merentur laudem. At me sicubi conjectura fefellit, si non eum scriptorum sententiam probe assecutus, si adulterinum aliquod scriptum pro legitimo suscepi, si respui quod rectum erat et purum, date veniam et me admonete.
>
> (BOLLANDUS, *Acta sanctorum*, t. I, p. XLIV (c).

CHAPITRE PREMIER

La Gaule conquise par les Francs.

État de la Gaule sous l'empire romain. — Bienfaits relatifs de l'invasion des barbares. — Les Francs arrêtent et refoulent les autres barbares. — Caractères de la domination des Francs dans la Gaule : égalité des Gaulois et des Francs. — Contact funeste de la barbarie franque avec la dépravation des Gallo-Romains. — La noblesse des deux races tient tête aux rois, qui penchent vers l'autocratie et la fiscalité romaines. — Les Francs échappent seuls à l'arianisme : ils respectent la liberté de la foi. — Munificence des Mérovingiens envers les monastères, étrangement mêlée à leurs vices et à leurs crimes. — Les moines viennent assurer l'influence civilisatrice de l'Église sur les Francs.

Nous allons concentrer notre récit dans la Gaule, dans cette contrée où Marmoutier et Lérins, Condat et d'autres grandes fondations n'avaient pas suffi pour épuiser la séve monastique, et que la Providence destinait à fournir au grand arbre bénédictin ses rameaux les plus vigoureux et les plus féconds.

Clovis avait commencé à régner sur les Francs saliens en l'année même où naissait saint Benoît, et pendant toute la durée de la vie du patriarche, la Gaule, disputée par les Francs aux Goths et aux Burgondes, avait de plus en plus subi la puissante étreinte des Mérovingiens et de leurs bandes conquérantes. On sait quels furent les maux qui accompagnèrent cette conquête. Mais ce qu'il faut encore moins oublier, c'est l'état où la domination romaine avait réduit la Gaule quand les Francs, venus les derniers après tant d'autres barbares, en firent leur proie. Sous les empereurs, Rome avait porté la corruption dans toutes les provinces du monde conquis sous la république. On voit dans Tacite que le siége de toute administration romaine était une école permanente d'oppression et de dépravation où régnaient l'avarice et la sensualité, toujours insatiables et toujours impunies[1]. De ces vieux Gaulois qui avaient inondé l'Espagne, l'Italie, la Grèce et jusqu'à l'Asie Mineure; qui avaient rempli le monde du fracas de leurs armes et de la terreur de leur nom; qui avaient conquis Rome; que Rome avait ensuite vaincus et asservis, mais qu'elle n'avait ni surpassés ni même égalés en héroïsme et en grandeur d'âme, de ces hommes-là il ne restait rien. La tyrannie des Césars les avait anéantis. En vain leurs fils s'étaient-ils soulevés contre Auguste, contre Tibère, contre Néron, contre Vespasien, et avaient-ils protesté ainsi contre la prétendue amélioration du sort des provinces romaines sous l'empire. En vain, de siècle en siècle, la Gaule, désespérant de retrouver son indépendance, avait-elle essayé de tromper sa misère en imposant à Rome des empereurs gaulois. En vain les Bagaudes insurgés et à moitié chrétiens avaient-ils pensé à substituer une sorte d'empire gau-

1. Cf. DOELLINGER, *Heidenthum und Judenthum*, p. 728.

lois à l'empire romain. Broyée sous la meule implacable de la centralisation et de la fiscalité impériales, la Gaule avait perdu successivement sa nationalité, ses institutions civiles et municipales, sa richesse territoriale, sa vieille langue celtique et jusqu'à son nom : on ne connaissait plus ses habitants que sous le nom de Romains, devenu pour eux le symbole de la décrépitude et de la honte[1]. A la place du vieux culte national, des sacrifices druidiques interdits sous peine de mort, on lui avait imposé la hideuse idolâtrie des Césars divinisés par un sénat avili. Cet indomptable courage qui les avait naguère signalés à l'admiration du monde avait disparu avec leur liberté[2]. Les classes domi-

---

[1] « L'état des Gaulois sous le gouvernement impérial fut la servitude politique la plus avilissante et la plus cruelle. » Mademoiselle DE LÉZARDIÈRE, *Théorie des lois politiques de la France.* — « Le titre de *citoyens romains* que portaient les Gaulois n'appartenait depuis longtemps qu'à des esclaves. » MABLY, *Observations sur l'histoire de France*, t. I, p. 243.

[2] Amissa virtute pariter et libertate. TACITE, *Agric.*, II;

nantes avaient été asservies et dégradées sans que le bas peuple y eût rien gagné : tout au contraire, à mesure que la grande propriété s'était étendue, les cultivateurs avaient vu leur sort s'aggraver et la servitude universelle faire peser sur eux le joug le plus écrasant. Les clients libres dont parle César avaient disparu. Le chef gaulois, transformé en patricien dégénéré, faisait cultiver par ses esclaves de vastes domaines qu'il n'habitait guère, semblables aux plantations de nos colonies avant l'émancipation des noirs[1]. De cette immense population qui, avant la conquête de César et ses guerres d'extermination, débordait en flots pressés par l'émigration

Ann., XI, 13; *Germ.*, 28. — DOELLINGER, *Heidenthum und Judenthum*, p. 611-613.

[1]. Voir l'excellent résumé de l'oppression et de la ruine des Gaules sous la domination romaine, que donne, après tant d'autres, sir James Stephen, *Lectures on the history of France*. London, 1859, t. I, p. 57. — Quant aux détails, M. Guizot, dans ses *Essais sur l'histoire de France* et sa deuxième leçon du cours de 1824, n'a encore été égalé par personne, si ce n'est peut-être par le Huërou, au chap. VIII de ses *Origines mérovingiennes*. Paris, 1843.

sur les contrées voisines[1], on a calculé qu'il restait à peine, sous Constantin, un million d'hommes libres dans toute cette immense région[2].

Sous cette effroyable oppression, l'Église restait debout, seul asile de la liberté et de la dignité humaines. Elle seule mettait quelque frein à l'injustice et à la tyrannie, mitigeait la pauvreté accablante du peuple, encourageait l'agriculture dans ses domaines, maintenait dans son sein le souvenir et la pratique de l'élection populaire, et assurait dans la personne de ses évêques des *défenseurs* aux cités abandonnées ou rançonnées par leurs magistrats. Mais son influence, bien loin d'être prépondérante, ne luttait qu'imparfaitement contre la décomposition universelle et ne suffisait point à enfanter les vertus civiques étouffées avec les cités libres sous le

---

1. *Pro multitudine hominum*, dit César en parlant des montagnes de l'Helvétie; *Propter hominum multitudinem*, dit-il encore pour expliquer les colonies gauloises d'outre-Rhin. *De bello Gall.*, I, 1; v. 24.

2. Henri Martin, *Histoire de France*, t. I, p. 292, 4ᵉ édit.

despotisme cosmopolite des empereurs[1]. Dans l'ordre civil, quatre siècles de domination romaine avaient suffi pour faire disparaître en Gaule toute force et tout droit, en même temps que toute indépendance nationale et personnelle. Comment ces populations, avilies et épuisées par un régime dont la tyrannie inepte et minutieuse croissait en raison de sa faiblesse, eussent-elles pu résister aux flots successifs des barbares? Seule l'aristocratie arverne, que semblait animer encore le souffle du grand Vercingétorix et qui avait conservé, on ne sait comment, la sympathie populaire, lutta avec l'opiniâtreté du désespoir contre les Visigoths d'abord, puis contre les fils de Clovis. Partout ailleurs la domination barbare fut acceptée comme une sorte de délivrance.

C'en était une en effet, car les peuples germains apportaient avec eux l'énergie virile qui manquait aux serfs de l'empire. La vie s'était retirée de partout : ils en inspirè-

---

1. STEPHEN, loc. cit. — HENRI MARTIN, p. 332.

rent une nouvelle au sol qu'ils envahissaient comme aux hommes qu'ils incorporaient à leur domination victorieuse. Ce qu'il restait du patriciat gaulois dut les voir arriver avec effroi ; mais qu'avaient à perdre les colons ruraux et les petites gens des villes à ce changement de maître? Tout au contraire, ils ne pouvaient que gagner à la destruction de cette fiscalité romaine, la plus rapace qu'on ait jamais rêvée. Prendre pour soi une quote-part, la moitié ou le tiers, des biens fonciers ou des esclaves, comme firent les Burgondes et les Visigoths, mais en même temps exempter tout le reste des exactions qui, sous les Romains, réduisaient les propriétaires à abandonner au fisc tout leur avoir, c'était évidemment apporter un soulagement réel à un état de tout point insupportable[1].

Quant aux Francs, rien n'indique qu'ils

---

1. PAUL ROTH, *Geschichte des Benefizialwesens*. — LEO, *Ursprung des deutschen Volkes und Reiches*, p. 324. — CANTU, *Storia degl' Italiani*, ch. 63. — STEPHEN, loc., cit., p. 300. — LE HUERGU, p. 268.

aient opéré des confiscations en masse. Les découvertes de l'érudition moderne ont au contraire établi qu'ils avaient généralement respecté la propriété privée des Gallo-Romains. Ils se contentèrent, selon toute apparence, des territoires qui leur avaient été d'abord concédés par les empereurs, puis des vastes espaces de terrain inculte délaissés par suite de l'appauvrissement universel, qu'ils se partagèrent entre eux par le sort, à titre d'alleux, tandis que leurs rois s'attribuaient les domaines incommensurables du fisc impérial. Ajoutons qu'en expulsant les magistrats romains ils semblent s'être peu immiscés dans l'administration municipale et y avoir laissé aux évêques la principale part, et l'on concevra que le plus récent de nos historiens ait pu affirmer que la masse populaire avait plus d'horreur pour l'oppression savante et systématique de l'empire que pour le régime brutal et capricieux des barbares[1].

1. Henri Martin, p. 354. — Le Huerou en fournit la preuve par des textes irréfragables, op. cit., p. 231.

En outre, les Romains de l'empire, comme on l'a souvent remarqué, avaient transporté en Gaule le principe qui leur était propre, le principe fatal de la suprématie des villes. Les Germains, au contraire, dans leur état primitif, ne connaissaient que la vie des champs, la vie rurale et sylvaine. Le village était, comme cela se voit encore dans l'Inde, la base de leur existence nationale. En venant conquérir la Gaule, ils rendirent la vie aux campagnes; ils y créèrent le village, la commune rurale et libre, et les émancipèrent de la domination urbaine; ils y constituèrent l'élément prépondérant de la nouvelle nationalité. Cette prépondérance ne fit que se manifester et se consolider de plus en plus, à mesure que la féodalité se développa et s'enracina dans le sol.

Les Francs, d'ailleurs, rendirent à la Gaule le service capital qu'elle attendait en vain des derniers empereurs: Saint Jérôme nous a laissé la formidable énumération des nations barbares qui l'avaient envahie sous la domination impériale. « Tout ce qui se trouve entre les Alpes et les Pyrénées, entre le Rhin et l'Océan, a été dévasté par le Quade, le Vandale, le Sarmate, l'Alain, le Gépide, l'Hérule, le Burgonde, l'Aleman et, ô calamité suprême, par le Hun[1]! » Venus après tous ces féroces prédécesseurs, qui tous, excepté les Burgondes, n'avaient fait que passer sur la Gaule comme un ouragan, les Francs en fermèrent l'accès aux autres peuples païens qui se pressaient sur leurs pas. Ils se retournèrent contre le courant qui les avait eux-mêmes apportés. Ils tinrent vigoureusement tête aux Alemans, aux Saxons, aux Slaves, aux Avares, qui, sans eux, auraient franchi le Rhin et envahi la Gaule. Devenus chrétiens, non pas en masse et tout à coup, à la suite de Clovis, comme on se l'est à tort figuré, mais très-graduellement et très-lentement[2],

1. *Epist. ad Ageruchiam*, t. IV, p. 748, édit. 1706.
2. Plus d'un siècle après Clovis, on trouve encore des païens parmi les Francs du rang le plus élevé. Saint Loup, évêque de Sens, exilé par Clotaire II vers 615, fut confié à la garde d'un

ils firent face aux ennemis de la chrétienté. Ils restèrent, longtemps après leur conversion, sauvages, avides et cruels comme auparavant. Ils ne se transformèrent pas en un jour. Deux siècles de guerres fratricides entre les rois mérovingiens ne le démontrent que trop, en même temps qu'elles constatent l'espèce de vénération superstitieuse, d'idolâtrie païenne que les Francs professaient pour cette dynastie aux longs cheveux dont ils déposaient, dont ils égorgeaient en détail les rejetons, mais en dehors de laquelle nul ne s'avisait encore de chercher des chefs d'un autre sang.

Il ne faut donc pas nier leur barbarie ; il

---

duc nommé Boson, qui était encore païen et qui occupait les bords de l'Oise : « Ubi erant templa fanatica a decurionibus culta... prædictum ducem vitali tinxit in lavacro, *plurimumque Francorum exercitum,* qui adhuc erroris detinebatur laqueis, illuminavit per baptismum. » Act. SS. Bolland., t. I Sept., 259. — Le deuxième successeur de saint Colomban à Bobbio, l'abbé Bertulfe, mort en 640, était païen de naissance, quoique proche parent de saint Arnoul, évêque de Metz. On verra plus loin que les Francs établis en Belgique restèrent en grand nombre idolâtres jusque dans le huitième siècle.

faut non-seulement croire tout ce que les historiens en rapportent, mais bien se dire que, comme pendant toute l'antiquité, leurs récits sont loin d'atteindre tout ce qu'il y eut « de tyrannies ignorées, de spoliations impunies, de ruines sans vengeurs[1]. » Mais il ne faut pas croire que les Francs fussent, comme on l'a prétendu, moins civilisés, moins humains, plus oppresseurs que les autres barbares. A aucun point de vue on n'a le droit de les placer au-dessous des Visigoths ou des Burgondes. Ils avaient notamment tout autant de goût et d'attrait pour la culture des lettres et de l'esprit. La chapelle que les rois mérovingiens instituèrent dès les premiers temps de leur conversion, et l'école qui y fut aussitôt attachée, comme une dépendance inséparable de la résidence royale, devinrent promptement une pépinière de clercs instruits et zélés, où la jeune noblesse franque et gallo-romaine puisait

---

1. Ozanam, *Études german.*, t. II, p. 502.

l'instruction la mieux adaptée au temps et aux mœurs d'alors. Les charges importantes de l'Église et de la cour se donnaient à ceux qui s'y étaient distingués [1]. Toutes les biographies de saints sont unanimes à constater ce fait; et Grégoire de Tours le confirme en parlant de l'*érudition palatine* comme d'une sorte de noviciat ecclésiastique et politique, en pleine activité sous les petits-fils de Clovis [2].

Il est encore plus certain que l'oppression des Gallo-Romains par les Francs ne fut jamais systématique, ni surtout aussi cruelle, aussi complète que le veut une théorie habilement préconisée de nos jours, mais démentie par tous les mémoires contemporains. Sans doute, dans la région du nord-est, qui fut la première occupée par les Francs en-

---

[1]. On trouvera à ce sujet des détails nombreux et précis dans l'*Histoire de saint Léger,* par dom Pitra, p. 114, et Appendice. On sait que ce mot de *chapelle,* comme synonyme d'*oratoire,* dérive, selon du Cange, de la petite *cape* ou chape de saint Martin, qui est la plus insigne des reliques mérovingiennes.

[2]. *Vita S. Aredii Abbatis,* c. 3.

core complétement païens, la population romaine fut cruellement spoliée et maltraitée, sinon entièrement exterminée. Mais après leur conversion, à mesure qu'ils s'approchèrent de la Loire, et surtout lorsqu'ils se répandirent au midi de ce fleuve, on voit les Gallo-Romains conserver toutes leurs propriétés et jouir absolument des mêmes droits que les conquérants. On voit, parmi les Francs comme parmi les Gaulois, des pauvres, des artisans, des esclaves, en même temps que des nobles et des riches. Les nobles gaulois, les membres des familles qualifiées de sénatoriales, occupent le même rang que sous l'empire romain et s'associent, dans la cour et dans le cortége militaire des rois mérovingiens, aux leudes et aux antrustions de race franque. On trouve partout des Gallo-Romains aux premiers rangs, et non-seulement dans l'Église, où ils possèdent presque exclusivement les évêchés jusqu'à la fin du sixième siècle, mais parmi les *convives du roi*, parmi les ducs et les comtes, à la tête des armées et même dans les offices de la domesticité royale, qui sembleraient avoir dû être exclusivement réservés aux compagnons et aux compatriotes du prince.

Il faut toutefois signaler la différence qu'établit la loi salique dans le prix de *compensation* dû pour les meurtres commis sur les Francs ou sur les Romains, et d'après laquelle on apprend que la vie du Romain n'était estimée que la moitié de celle du Franc. Hormis cette seule disposition où survit l'orgueil naturel du vainqueur, on ne trouve aucune trace de distinction radicale entre la race conquérante et la race conquise. Le Gallo-Romain conserve son droit privé, mais il est soumis aux mêmes lois et il obtient les mêmes garanties que le Franc. Quant au droit public, comme le barbare, mais pas plus que lui, l'indigène est exposé aux violences atroces qui éclataient chaque jour dans la société d'alors, et qu'il commettait à son tour et aussi souvent que le Franc ou le Burgonde[1]. Car il y avait des Gallo-Romains tout aussi imbus que les barbares de la férocité qu'inspire la possession de la force et de la richesse sans contrôle. On les trouve de moitié dans presque tous les forfaits et toutes les perfidies qu'énumèrent les annales de cette malheureuse époque. On l'a dit avec raison : « Le plus grand mal de la domination barbare était peut-être l'influence des Romains avides et corrompus qui s'insinuaient auprès des nouveaux maîtres[2]. » C'est surtout à eux que l'on doit attribuer ces raffinements de débauche et de perfidie que l'on voit avec surprise se produire au sein de la brutalité sauvage des hommes de race ger-

---

[1]. Roth et Leo, dans les ouvrages déjà cités, et Waitz (*Deutsche Verfassungs Geschichte*) ont démontré sans réplique cette identité de position entre la noblesse franque et gauloise sous la domination mérovingienne : l'abbé Dubos en avait fait la base de son système absurde sur l'absence de toute conquête.

[2]. Henri Martin, t. I, p. 394. — Cf. Augustin Thierry, *Récits mérov.*, t. II, p. 45, et Albert du Boys, *Histoire du droit criminel*.

manique. Ils enseignaient à ceux-ci l'art d'opprimer et de dégrader leurs compatriotes par des moyens que la grossièreté naturelle des Goths ou des Teutons ne leur eût jamais inspirés. Il s'en faut bien que tout ait été profit pour les barbares dans leur contact avec le monde romain, dépravé sous l'empire. Ils lui apportaient des vertus viriles dont il avait perdu le souvenir, mais ils lui empruntaient en même temps des vices abjects et infects dont le monde germanique n'avait pas idée. Ils y rencontrèrent le christianisme ; mais, avant d'en subir la bienfaisante influence, ils eurent le temps de se tremper dans toutes les bassesses et tous les débordements d'une civilisation corrompue longtemps avant d'être vaincue. Le régime patriarcal qui caractérisait les anciens Germains dans leurs rapports avec leurs enfants, leurs esclaves, comme avec leurs chefs, tomba en ruine au contact de cette dépravation contagieuse.

Plus tard, lorsque l'esprit chrétien eut

établi son empire, et lorsque tous les vieux débris romains eurent été absorbés et transformés par l'élément germain, sous les premiers Carlovingiens, le mal s'atténua, et s'il ne disparut pas complétement, du moins toutes les nations de la chrétienté purent se constituer sous des lois et des mœurs dont il n'y avait ni à rougir ni à se plaindre. Mais à l'époque où nous sommes, rien de plus triste que cette première fusion de la barbarie germanique avec la corruption romaine. Tous les excès de l'état sauvage s'y combinent avec les vices d'une civilisation savamment dépravée. C'est de cette origine perverse et fatale que découlent ces abus révoltants du droit seigneurial qui, conservés et développés à travers les siècles, ont si cruellement affaibli et dépopularisé la féodalité. Et c'est là qu'il faut chercher le secret de ces exemples monstrueux de trahison et de férocité qui, en se reproduisant presque à chaque page du récit de Grégoire de Tours, projettent une si sanglante lueur sur les premiers temps de notre histoire.

De là aussi ces tentatives des rois mérovingiens pour rétablir, en l'aggravant, la fiscalité romaine. Tantôt c'est aux églises qu'ils veulent faire payer le tiers de leurs revenus[1]; tantôt c'est la capitation qu'ils veulent établir, non plus, comme chez les Romains, sur les plébéiens sans propriétés foncières, mais sur tout le monde, et sur les Francs tout les premiers. Mais ici le vieux droit germanique reprit le dessus. Même en l'absence des assemblées nationales qui semblent avoir été suspendues pendant le règne de Clovis et de ses successeurs immédiats[2], la résistance fut énergique et triomphante. Les rois mérovingiens eurent beau manifester un penchant précoce à imiter l'autocratie des empereurs romains, ils eurent toujours à compter avec les nobles francs, qui n'entendaient pas renoncer sur le sol conquis par eux aux libertés de leurs aïeux, et qui, renforcés par les des-

---

1. GREG. TUR., IV, 2.
2. WAITZ, *Deutsche Verfassungs Geschichte*, t. II, p. 480.

cendants des vieilles races chevaleresques de la Gaule[1], constituèrent bientôt autour de la royauté une aristocratie à la fois civile et guerrière, aussi libre que puissante, aussi fière de son origine que de ses droits, et bien résolue à ne pas se laisser réduire au vil niveau du sénat romain[2]. Selon le vieux privilége de la liberté germanique, ils prétendaient parler haut à qui que ce fût, intervenir activement dans tous les intérêts publics, résister à toutes les usurpations et frapper tous les coupables[3]. Leur respect superstitieux pour le sang des Mérovingiens, leur dévouement traditionnel à la personne du chef, les portaient à remplir auprès de leurs rois des of-

1. Les *Equites*, dont parle César, avec leur clientèle dont il n'a pas compris l'analogie avec les mœurs germaines, et qu'il n'a pas suffisamment distinguée de la servitude.
2. On trouve à chaque page des auteurs contemporains, et surtout des Vies des saints, des termes qui prouvent la haute valeur qu'on attachait à la naissance : *seniores, potentes, meliores, nobiles... Claro stemmate ortus... Ex progenie celsa Francorum... Prosapia Francorum altis satus et nobilibus parentibus,* etc. Cf. Waitz, op. cit.
3. Aug. Thierry, *Récits mérovingiens*, t. II, p. 95.

fices domestiques qui, chez les anciens Romains, étaient réservés aux esclaves, mais qui, chez les peuples germains, n'avaient aucun caractère servile, et étaient au contraire l'apanage des principaux de la nation, sous le nom de *fidèles*[1]. Mais cette fidélité ne les empêchait pas d'opposer à la violence du maître des violences non moins redoutables et souvent non moins illégitimes. « Adieu, » disait une députation de seigneurs austrasiens au roi Gontran de Bourgogne, petit-fils de Clovis ; « adieu, ô roi ! nous pre-
« nons congé de toi, en te rappelant que la
« hache qui a brisé le crâne de tes frères est
« encore bonne, et bientôt c'est à toi qu'elle
« fera sauter la cervelle[2]. »

Par quel changement prodigieux ces barbares, à peine baptisés, devinrent-ils le peuple chéri de l'Église et la race d'élite du

---

1. *Antrustion*, homme de la foi (*trust*) du chef, terme traduit dans la version latine de la loi salique par celui de *conviva regis*.

2. Greg. Turon., l. vii, c. 14.

monde chrétien, c'est ce qu'on verra dans la suite de ce récit. Dès à présent il faut reconnaître que, par un privilége unique, ils ne furent jamais ariens. Seuls, parmi les conquérants de l'empire romain, ils ne laissèrent pas leur énergie et leur simplicité devenir la proie de cette hérésie dont nul n'a encore expliqué l'inconcevable et irrésistible ascendant sur toutes les nations germaniques, et qui, vaincue chez les vieux peuples chrétiens, sut se créer au sein même de leurs vainqueurs un triomphant asile. Fermer l'accès de la Gaule à tous les autres barbares, et à l'intérieur assurer l'unité catholique en chassant sans persécution ouverte l'hétérodoxie, c'était rendre à la chrétienté naissante deux services souverains. Au midi de la Loire, les populations catholiques, qui ne savaient que trop comment les barbares ariens avaient poursuivi le clergé orthodoxe en Afrique et en Espagne, soupiraient avec passion après la domination des Francs[1]. C'est pourquoi saint

---

1. Amore desiderabili. GREG. TURON., *Hist. eccl.*, l. II, c. 23.

Remi disait aux détracteurs de Clovis : « Il « faut pardonner beaucoup à qui s'est fait le « propagateur de la foi et le sauveur des pro- « vinces. » C'est encore ce qui explique, sans les justifier, ces formules adulatrices que prodiguent la plupart des auteurs ecclésiastiques à des princes dont la vie publique et privée était chargée de crimes atroces. A la différence des empereurs byzantins, qui faisaient à tout propos intervenir l'autorité de l'État dans les choses spirituelles, et qui se croyaient meilleurs théologiens que les évêques, ils se mêlaient peu de théologie, et, sauf les cas trop nombreux où ils attentaient à la liberté des élections pontificales au profit de leurs domestiques ou de leurs favoris, ils laissaient à l'Église une pleine indépendance dans les matières de foi et de discipline. Ils se montraient aussi d'une grande munificence envers les évêques et les moines : ils ne se contentèrent pas de restituer aux églises tout ce qui leur avait été enlevé ; ils détachèrent encore des immenses possessions dont la conquête avait constitué leur domaine royal, en même temps que les lots de terre érigés en *bénéfices* pour leurs *fidèles* laïques, d'autres terrains très-vastes, mais la plupart du temps incultes, déserts ou couverts de forêts inaccessibles, dont ils firent la dotation des principaux monastères érigés pendant la période mérovingienne [1]. Plus d'une fois ces grandes fermes ou *villes*, où les rois francs tenaient leur cour au centre d'une exploitation agricole, se transformèrent elles-mêmes en établissements religieux [2].

Et cependant c'étaient de pitoyables chrétiens. Tout en respectant la liberté de la foi catholique, tout en la professant extérieurement, ils violaient sans scrupule tous ses préceptes en même temps que les plus saintes lois de l'humanité. Après s'être prosternés devant le tombeau de quelque saint martyr

---

1. Le fisc royal est mentionné dans le premier diplôme authentiquement connu de Clovis, en faveur de l'abbaye de Micy, près Orléans. Apud Bréquigny, n° 6.
2. Par exemple, Ébreuil, en Auvergne.

ou confesseur, après s'être quelquefois signalés par un choix d'évêque irréprochable, après avoir écouté avec respect la voix d'un pontife ou d'un religieux, on les voyait, tantôt par des accès de fureur, tantôt par des cruautés de sang-froid, donner libre carrière à tous les mauvais instincts de leur nature sauvage. C'était surtout dans ces tragédies domestiques, dans ces exécutions et ces assassinats fratricides dont Clovis donna le premier l'exemple et qui souillent d'une tache ineffaçable l'histoire de ses fils et de ses petits-fils, qu'éclatait leur incroyable perversité. La polygamie et le parjure se mêlaient dans leur vie quotidienne à une superstition semi-païenne, et en lisant leurs sanglantes biographies, que traversent à peine quelques lueurs passagères de foi et d'humilité, l'on est tenté de croire qu'en embrassant le christianisme ils n'avaient ni abdiqué un seul des vices païens ni adopté une seule des vertus chrétiennes.

C'est contre cette barbarie des âmes, bien

plus épouvantable encore que la grossièreté et la violence des mœurs, que l'Église va triomphalement lutter. C'est au milieu de ces désordres sanglants, de ce double courant de corruption et de férocité que va se lever la pure et resplendissante lumière de la sainteté chrétienne. Mais le clergé séculier, lui-même atteint par la démoralisation commune aux deux races, ne saurait suffire à cette tâche[1]. Il lui faut le concours puissant et bientôt prépondérant de l'armée monastique. Elle ne lui manquera pas : l'Église et la France lui devront la victoire définitive de la civilisation chrétienne sur une race bien autrement difficile à réduire que les sujets dégénérés de Rome ou de Byzance. Pendant que les Francs venus du nord achèvent d'as-

---

1. Leo (op. cit.) a très-justement remarqué que, grâce aux désordres du clergé indigène, la conversion définitive des Francs avait astreint les apôtres ecclésiastiques et monastiques de la Gaule à une tâche bien plus longue et plus rude que ne le fut la conversion de l'Angleterre ou même de l'Allemagne, où tout se fit presque d'un coup par un corps de missionnaires étrangers et réguliers.

sujettir la Gaule, les bénédictins vont l'aborder par le midi, et superposer à la conquête barbare une domination pacifique et bienfaisante. C'est la rencontre et l'entente de ces deux forces si inégalement civilisatrices qui va exercer l'influence souveraine sur l'avenir de notre patrie.

CHAPITRE II

Arrivée des bénédictins en Gaule.

Saint Maur à Glanfeuil en Anjou. — Propagation de la règle bénédictine. — Première rencontre de la royauté franque avec les fils de Saint-Benoît : Théodebert et saint Maur.

La renommée de Benoît et de son œuvre n'avait pas tardé à franchir les limites de l'Italie; elle avait surtout retenti en Gaule. Un an avant la mort du patriarche, on vit arriver au Mont-Cassin deux envoyés du prélat gallo-romain, Innocent, évêque du Mans, qui, non content des quarante monastères qu'il avait vus naître pendant son pontificat dans le pays des Cénomans, voulait encore enrichir son diocèse d'une colonie formée par les disciples du nouveau législateur des cénobites d'Italie. Benoît confia cette mission au plus cher et au plus fervent de ses disciples, à un jeune diacre nommé Maur, comme lui d'origine patricienne, qui s'était dignement préparé à ces labeurs lointains en renchérissant sur les austérités de la règle, et qui semblait désigné à toute la communauté comme le successeur naturel du fondateur. Il lui donna quatre compagnons, dont l'un a écrit l'histoire de la mission[1], et lui remit un exem-

---

1. La vie de saint Maur, par son compagnon Faustus, a subi de fâcheuses interpolations au neuvième siècle, selon les *Acta Sanctorum Ordinis S. Benedicti* de D'ACHERY et MABILLON. Le P. Papebroch (ap. BOLLAND., d. 16 et 22 Maii) la regarde comme complétement mensongère. Mais l'authenticité de sa mission et des principaux traits de sa biographie, contestée par Basnage et Baillet, a été victorieusement démontrée par Mabillon lui-même. (*Præf. in sæc. 1*, Act. SS. O. S. B.), et surtout par dom Ruinart dans l'appendice du tome 1er des *Annales bénédictines* de Mabillon. — Cf. aussi la savante *Histoire des évêques du Mans*, par dom PIOLIN, bénédictin de Solesmes, 1851, t. I, p. 237. Ce dernier ouvrage renferme de très-précieux détails sur la propagation de la vie claustrale dans le Maine pendant tout le sixième siècle.

plaire de la règle, écrit de sa main, avec le poids du pain et la mesure de vin que chaque religieux devait consommer en un jour, pour servir de types invariables de cette abstinence qui devait constituer l'une des forces principales du nouvel institut.

A la tête de cette poignée de missionnaires qui allaient jeter au loin une semence destinée à être si féconde, Maur descend du Mont-Cassin, traverse l'Italie et les Alpes, s'arrête un moment à Agaune, au sanctuaire que la royauté burgonde venait d'élever sur les reliques de la légion thébéenne, puis pénètre dans le Jura pour y visiter les colonies de Condat et y faire sans doute connaître la règle de son maître. Arrivé sur les bords de la Loire, et repoussé par le successeur de l'évêque qui l'avait appelé, il s'arrêta en Anjou, que gouvernait alors un vicomte nommé Florus, au nom et sous l'autorité du roi d'Austrasie Théodebert, petit-fils de Clovis. Ce vicomte offrit au disciple de Benoît un de ses domaines pour y établir sa colonie, plus un de ses fils pour en faire un religieux, et annonça l'intention de s'y consacrer lui-même à Dieu. Maur accepta, mais moyennant une donation en règle et devant témoins : « Car, dit-il au seigneur franc, « notre observance exige avant tout la paix « et la sécurité [1]. » Dans le domaine que baignaient les eaux de la Loire, il fonda le monastère de Glanfeuil, qui prit plus tard son propre nom [2]. Ce site, perdu aujourd'hui dans les vignobles de l'Anjou, mérite le regard reconnaissant de tout voyageur dont la pensée ne reste pas insensible aux bienfaits qui, de cette première colonie bénédictine, ont découlé sur la France entière.

---

1. *Vit. S. Mauri*, c. 42-43. — Il se pourrait que ce passage fût une des interpolations du neuvième siècle, signalées par Mabillon; toutefois nous l'avons reproduit comme un des premiers exemples des formes employées pour les donations de cette nature, si nombreuses dès le sixième siècle en Gaule.

2. Saint-Maur-sur-Loire. Les reliques de Maur y restèrent jusqu'au neuvième siècle; la crainte des Normands les fit alors transférer à Saint-Maur les Fossés, près Paris, autre monastère dont il sera souvent question.

Par une touchante et légitime réminiscence des anciennes gloires monastiques, Maur consacra l'une des quatre églises ou chapelles de sa nouvelle abbaye à saint Martin, qui avait créé non loin de là, et sur les bords du fleuve, le sanctuaire encore si célèbre de Marmoutier[1], et un autre à saint Séverin, à ce moine romain qui, sur les rives du Danube, avait dompté la férocité des barbares tout en bénissant l'avenir d'Odoacre. Le fils chéri de Saint-Benoît passa quarante années à la tête de sa colonie française; il y vit officier jusqu'à cent quarante religieux. Quand il mourut, après s'être retiré pendant deux années dans une cellule isolée, pour s'y préparer en silence à paraître devant Dieu[2], il

---

1. Pour juger de l'influence qu'exerçait encore, deux siècles après son pontificat, le grand saint Martin, fondateur de Marmoutier, il faut lire les quatre livres de Grégoire de Tours, intitulés *De Miraculis S. Martini,* dont la *Société de l'histoire de France* vient de publier une nouvelle édition due aux soins de M. Bordier.

2. Biennio ante mortem siluit sejunctus ab hominibus; et

avait déposé dans le sol de la Gaule un germe qui ne devait ni s'épuiser ni périr, et qui, après mille ans encore, devait produire sous le nom même du modeste fondateur de Glanfeuil une nouvelle efflorescence du génie monastique, destinée à devenir le synonyme de l'érudition laborieuse et l'une des gloires les plus incontestées de la France [1].

Une certaine obscurité règne sur les premiers temps de la propagation de la règle bénédictine en Gaule, après la première fondation de saint Maur. Nous avons déjà signalé les progrès de la vie cénobitique, dus aux grandes écoles de Marmoutier, de Lérins et de Condat, avant l'époque de saint Benoît.

---

solus in superni inspectoris oculis habitavit secum. *Breviarium monasticum.*

1. On sait que la congrégation de Saint-Maur, immortalisée par les travaux de Mabillon, de Montfaucon, de Ruinart et de tant d'autres, fut définitivement organisée en 1618. Elle naquit de l'association formée par diverses abbayes très-anciennes pour adopter la réforme introduite, dès la fin du seizième siècle, dans les monastères de Lorraine par dom Didier de la Cour, abbé de Saint-Vanne.

Ces progrès ne se ralentirent pas après lui, puisqu'on a pu, pendant le cours du sixième siècle seulement, compter quatre-vingts nouveaux établissements dans les vallées de la Saône et du Rhône, quatre-vingt-quatorze des Pyrénées à la Loire, cinquante-quatre de la Loire aux Vosges, et dix des Vosges au Rhin[1]. Ce fut donc comme une nouvelle et plus complète conversion de ce vaste pays. Peu à peu chaque province reçut comme apôtres de saints moines qui le plus souvent étaient en même temps évêques, et qui fondaient à la fois des diocèses et des monastères, ceux-ci destinés à tenir lieu des séminaires modernes en servant comme de citadelles et de pépinières au clergé diocésain[2].

Les conciles des Gaules s'occupaient de plus en plus souvent de la discipline mo-

---

1. M. Mignet a relevé ces chiffres dans les Annales bénédictines de Mabillon. Voir son beau *Mémoire sur la conversion de l'Allemagne par les moines*, p. 32.

2. Ut urbis esset munimentum. *Vie de S. Domnole*, évêque et fondateur de Saint-Vincent du Mans, c. 4, ap. BOLLAND., 16 Maii.

nastique, sans indiquer d'ailleurs aucune congrégation spéciale. Ils se montraient tous animés de l'esprit qui avait dicté le fameux canon du concile général de Chalcédoine en 451, en vertu duquel les moines étaient subordonnés aux évêques. Celui d'Agde, en 511, renouvelait la défense de fonder de nouveaux monastères sans la connaissance de l'évêque. Ceux d'Orléans (511 et surtout 533), d'Epaône (517) et d'Arles (558) assujettissaient complètement les monastères à l'autorité et à la surveillance des évêques. Les abbés ne pouvaient ni s'absenter ni disposer d'aucune propriété de la communauté sans la permission épiscopale; une fois par an ils devaient aller trouver leur évêque pour recevoir ses avis et au besoin ses corrections[1]. Le concile tenu dans la basilique de Saint-Martin à Tours, en 567, et dont le quatorzième canon invoque le témoignage de Sénèque en faveur des précautions à prendre

---

1. Concil. Aurel., an. 511, c. 19.

contre la renommée d'incontinence[1], prononçait dans son canon xv la peine d'excommunication contre tout moine qui se marierait et contre tout juge qui refuserait de prononcer la dissolution d'un tel mariage. Mais par le grand nombre de règles différentes et de réformes successives, et plus encore par les récits de violences et de scandales que Grégoire de Tours nous a loyalement transmis, on voit bien tout ce que l'idéal chrétien de la vie commune rencontrait de résistance.

Comment toutes ces communautés, si nombreuses et si diverses, en vinrent-elles à reconnaître dans la règle bénédictine celle qui devait assurer leur durée et leur prospérité, c'est ce qu'on n'a pu découvrir que pour quelques maisons plus ou moins célèbres. Ce ne fut pas l'œuvre d'une de ces

---

1. Ne occasio famam laceret honestatis, quia aliqui laici, dum diversa perpetrant adulteria, hoc quod de se sciunt, in aliis suspicantur, sicut ait Seneca, pessimum in eo vitium esse, qui in id quo insanit, ceteros putat furere.

transformations subites, radicales et éphémères, auxquelles l'histoire moderne nous a habitués; ce fut le travail lent et instinctif d'une institution qui cherchait les conditions d'une durée séculaire. La conquête se fit graduellement et imperceptiblement[1]. Ce qui est incontestable, c'est qu'elle fut universelle, malgré la rivalité formidable de la règle de saint Colomban; ce qui ne l'est pas moins, c'est que la mission de saint Maur fut le canal par où la paternité souveraine du législateur italien s'étendit peu à peu sur tous les monastères gaulois[2].

Cette mission signale en outre, dans l'histoire, la première rencontre de l'ordre bénédictin avec cette royauté française, alors à peine éclose sous le bouclier de Clovis et de ses descendants, mais que nous verrons pendant tant de siècles l'alliée fidèle et reconnaissante des fils de Saint-Benoît. La partie

---

1. D. RUINART, *in Append Annal. Bened.*, tome I, p. 636.
2. C'est le témoignage formel de saint Odilon, le célèbre abbé de Cluny. ODILO, *Vit. S. Maioli*, ap. *Surium*, 11 Maii.

de l'Anjou où se trouvait Glanfeuil était échue en partage à celui des petits-fils de Clovis qui régnait à Metz et sur l'Austrasie, et qui s'appelait Théodebert[1]. C'est à lui que dut s'adresser, selon la tradition, le vicomte Florus pour obtenir d'abord l'autorisation nécessaire à l'établissement des religieux étrangers, puis celle de s'enrôler lui-même dans leurs rangs. Ce roi, célèbre dans l'his-

1. Le professeur Roth, dans son important ouvrage intitulé *Geschichte der Beneficialwesens* (Erlangen, 1850, p. 440), s'attache à démontrer la fausseté de ce récit en se fondant sur ce que, dans le partage de la Gaule entre les rois francs, l'Anjou appartenait non à Théodebert, mais à Childebert, et que cette province n'échut que plus tard à un roi d'Austrasie du même nom, Théodebert II, qui régna de 596 à 602. Mais on peut lui répondre avec Ruinart que rien n'est moins certain que la délimitation exacte des provinces dont les fils de Clovis constituèrent les différentes parties de leurs royaumes, et rien de plus étrange que le morcellement de tout le territoire sis au midi de la Loire. Un autre savant contemporain qui s'est particulièrement occupé des origines de la royauté franque, le professeur Leo, établit que Thierry, le père de Théodebert et l'aîné des fils de Clovis, exerçait une sorte de suzeraineté sur les États de ses frères, et que ses possessions enveloppaient de toutes parts les héritages de ceux-ci. Voir *Des Deutschen Volkes Ursprun gund Werden*, 1854, p. 353.

toire des Mérovingiens par ses exploits en Aquitaine contre les Visigoths et en Italie contre les Impériaux, ne consentit à se séparer d'un de ses principaux officiers qu'avec peine et après avoir lui-même rendu visite à la nouvelle colonie. Il s'y rendit avec toute cette pompe que la race de Clovis avait si rapidement empruntée aux traditions de l'empire abattu; mais tout revêtu de sa pourpre, dès qu'il aperçut Maur, le roi franc se prosterna devant le moine romain, comme Totila s'était prosterné devant Benoît, en lui demandant de prier pour lui et d'inscrire son nom parmi ceux des frères. Il présenta son jeune fils à la communauté, se fit désigner spécialement ceux des moines qui étaient venus du Mont-Cassin avec l'abbé, demanda leurs noms, et les embrassa ainsi que leurs frères. Puis il parcourut les lieux réguliers, mangea avec les moines au réfectoire, et voulut, avant de partir, que le chef de ses scribes rédigeât sur l'heure et scellât de son anneau la donation d'un domaine du fisc qu'il destinait au monastère. Florus obtint ensuite que le roi servît de témoin à sa prise d'habit. Après avoir ajouté de nouvelles largesses à sa première donation, il affranchit et dota vingt de ses esclaves ; puis, déposant sur l'autel son baudrier militaire, il s'agenouilla devant le roi, qui, à la prière de l'abbé, lui coupa une première mèche de cheveux ; les autres seigneurs achevèrent de le tonsurer complètement. Au moment de quitter le monastère, le roi voulut revoir son ami revêtu du froc ; il l'exhorta à honorer ce nouvel habit comme il avait honoré la vie séculière, puis se jeta dans ses bras et y resta longtemps en pleurant, avant de s'éloigner muni de la bénédiction de l'abbé.

Voilà donc comment le roi franc et le bénédictin firent connaissance, et ces deux forces qui vont fonder la France, la diriger et la représenter pendant de longs siècles, les voilà en présence pour la première fois.

En admettant même que ce récit, dans ses détails minutieux, ait été embelli par l'imagination des siècles ultérieurs, il mérite d'être reproduit comme le type de ces relations intimes et cordiales qui commencèrent dès lors entre les princes de la race germaine et les moines, et qui se retrouvent presque à chaque page de leur double histoire.

CHAPITRE III

Relations antérieures des Mérovingiens avec les moines.

Clovis et ses fils. — Fondation de Micy près Orléans. — Clovis et saint Maixent. — Saint Léobin torturé par les Francs. — La sœur et la fille de Clovis sont religieuses : celle-ci fonde Saint-Pierre le Vif à Sens. — Les monastères d'Auvergne, rançon des prisonniers et refuge des esclaves : Basolus et Porcianus. — Thierry Ier et saint Nizier. — Clodomir, l'abbé Avit et saint Cloud. — La tonsure et les vocations forcées. — Childebert, le roi monastique par excellence : ses relations avec saint Eusice en Berry, et saint Marculphe en Neustrie.

> Non enim dedit nobis spiritum timoris,
> sed virtutis, et dilectionis, et sobrietatis.
> II Timoth., i, 7.

Ce n'était pas, du reste, la première fois que les Mérovingiens avaient rencontré les moines sur leur chemin. A côté des évêques, qui personnifiaient la douce et forte majesté de cette Église dont les Francs venaient de se déclarer les enfants, ils voyaient partout tantôt des reclus isolés, tantôt des religieux vivant en communauté, dont les étranges privations, les rudes travaux et l'irréprochable vertu témoignaient éloquemment de la grandeur morale des dogmes chrétiens. La vie de ces rois, partagée entre la guerre et la chasse, les mettait sans cesse en contact avec ceux que tout le monde s'accordait à qualifier d'hommes de Dieu, soit dans les villes et les campagnes ravagées par leurs soldats, soit au fond des forêts fouillées par leurs meutes. Malgré tout ce que nous avons dit de l'étrange et odieux mélange de ruse et de férocité, d'incontinence outrée et de sauvage orgueil qui caractérise tous les princes mérovingiens, malgré le funeste alliage que la corruption des mœurs gallo-romaines vint ajouter, aussitôt après leur invasion et leur conversion, à la barbarie traditionnelle de leur race, il est impossible de nier la sincérité de leur foi et l'empire qu'exerça presque toujours sur eux le spectacle de la vertu et de la pénitence chrétiennes. Ils passaient, avec une rapidité qui semble aujourd'hui incompréhensible, des atroces excès de leur cruauté native à des démonstrations passionnées de contrition et d'humilité. Après avoir présidé à des massacres ou à des supplices qui figurent avec raison parmi les plus odieux souvenirs de l'histoire, on les voit écouter avec respect et pardonner sans peine les avertissements d'un chef hardi, et plus souvent encore d'un pontife ou d'un moine. Car c'étaient presque toujours des religieux, ou des évêques formés dans la vie claustrale, qui leur arrachaient, au nom de Dieu, un tardif et incomplet hommage à la justice et à l'humanité.

Clovis lui-même dut rendre plus d'une fois hommage à ces vertus. On lui attribue, sans preuves suffisantes, la fondation de plusieurs abbayes[1]. Mais on tient pour authen-

---

1. Molosme, Saint-Michel de Tonnerre, Nesle, etc.

tique un diplôme de lui (508) où sa profession de foi en la Trinité indivisible et consubstantielle, qui constatait sa qualité de seul roi catholique au milieu de la chrétienté alors ravagée par l'arianisme, précède une concession de terres et une exemption d'impôts en faveur d'un monastère voisin d'Orléans. Cette fondation devint promptement célèbre sous le nom de Micy et, depuis, de Saint-Mesmin. Elle devait ce dernier nom à Maximin, l'un des chefs de la petite colonie de religieux arvernes que Clovis y avait établie sous la conduite du saint prêtre Euspice, lequel avait gagné son cœur lors du siège de Verdun, en venant jusque dans le camp des assiégeants implorer la grâce des Gallo-Romains insurgés de cette ville[1]. Il leur avait donné un domaine du fisc situé à la pointe de la presqu'île que forment la Loire et le Loiret en réunissant leurs eaux, afin, dit son

---

1. *Vit. S. Maximini, abb. Miciac.*, n. 4 à 9. Ap. Act. SS. O. S. B., t. I. p. 564, éd. Venet.

diplôme, que ces religieux ne fussent plus comme des étrangers et des voyageurs parmi les Francs[1].

Une légende longtemps populaire en Touraine veut que la belle église abbatiale de Saint-Julien, qu'on admire encore à Tours, marque l'emplacement où le vainqueur des Visigoths se serait arrêté à cheval et la couronne en tête pour répandre des largesses en

---

1. Inter Francos peregrini. — BRÉQUIGNY, qui dans sa grande collection (*Diplomata, Chartæ*, etc., t. I. Prolegom., p. 8. Paris, 1791, in-folio) conteste tous les diplômes attribués à Clovis pour Reomaus, Saint-Pierre le Vif, etc., reconnaît l'authenticité de celui donné par Clovis à saint Euspice et à saint Maximin pour Micy. — Le souvenir de cette fameuse abbaye a été rajeuni de nos jours par le petit séminaire du diocèse d'Orléans, établi à la Chapelle-Saint-Mesmin, non loin de l'emplacement même de Micy. Sur la rive droite de la Loire, et grâce à un exemple de respect pour l'antiquité bien rare parmi nous, la grotte où avait été déposé le corps de saint Maximin a été restaurée et consolidée par les soins de M. Collin, ingénieur en chef de la navigation de la Loire. Elle a été depuis rendue au culte et inaugurée, le 13 juin 1858, par cet illustre évêque d'Orléans à qui son éloquence et son courageux dévouement à tous les droits de l'Église ont valu le premier rang dans l'épiscopat contemporain.

venant rendre grâces à saint Martin de sa victoire de Vouillé[1].

Une autre tradition, rapportée par Grégoire de Tours, peint mieux encore le sentiment qui animait et consolait les populations de la Gaule, quand elles voyaient leurs redoutables conquérants s'incliner devant la sainteté des religieux de leur race. On se racontait que pendant la marche de l'armée de Clovis à travers le Poitou, à la rencontre d'Alaric (507), une bande de Francs avaient voulu saccager le monastère que gouvernait un saint religieux venu d'Agde en Septimanie et nommé Maixent[2] ; un des barbares avait déjà l'épée haute pour trancher la tête de l'abbé, lorsque son bras demeura tout à coup paralysé et ses compagnons restèrent aveuglés autour de lui. Clovis, averti du miracle, accourut auprès du moine et lui demanda

---

1. Martyrologe de 1469, cité par Salmon, *Recueil des chroniques de Touraine*, p. 53.
2. Ce monastère est devenu la ville de Saint-Maixent (Deux-Sèvres).

grâce à genoux pour les assassins. On montra pendant plusieurs siècles, dans l'église du monastère, le lieu où le vainqueur de Syagrius et d'Alaric s'était agenouillé devant un moine gallo-romain et avait reconnu une force plus invincible que toutes les armées romaines ou barbares[1].

Ce n'était pas toujours aussi impunément que les moines se trouvaient exposés au contact de ces vainqueurs féroces, et mal leur en prenait souvent de représenter la religion, avec les bienfaits et les progrès qui en découlent, aux yeux des hordes sanguinaires et cupides dont l'ascendant d'un Clovis pouvait quelquefois réprimer la fureur, mais dont les chefs étaient ordinairement les premiers à donner l'exemple de la violence. Ces Francs, si zélés pour l'orthodoxie et qui se vantaient de combattre pour l'Église contre les Bur-

1. Qui locus in quo idem princeps ad pedes sancti viri jacuerat in eodem monasterio usque in hodiernum diem apparet. *Act. SS.* Bolland., die 25 Junii, p. 172. — Cf. Greg. Tur., *Hist.*, l. ii, c. 37.

gondes ou les Visigoths ariens, ne se faisaient pas faute, quand leurs passions s'enflammaient, de soumettre aux traitements les plus barbares les moines et les prêtres les plus orthodoxes. C'est ainsi qu'on voit, lors d'une des invasions de la Bourgogne, un solitaire du fameux monastère de l'île Barbe, sur la Saône, près Lyon, livré aux plus cruelles tortures par un détachement de Francs qui avait envahi ce sanctuaire, selon quelques-uns, le plus ancien des Gaules. Il s'appelait Léobin et avait été berger avant d'être moine. Tous les autres religieux s'étaient enfuis, excepté lui et un autre vieux moine, lequel, pressé par les envahisseurs de leur montrer où étaient cachées les richesses du monastère, répondit qu'il n'en savait rien, mais que Léobin était au courant de tout. Celui-ci ayant refusé de répondre, les Francs le mirent à la torture avec une cruauté ingénieuse qui semble avoir été empruntée à des habitudes plutôt orientales que germaniques. Ils lui serrèrent le crâne avec des cordelettes, ils le bâtonnèrent sur la plante des pieds, ils le plongèrent à plusieurs reprises dans l'eau pour ne l'en retirer qu'au moment où il allait étouffer. L'intrépide religieux résista à tous ces supplices sans parler. Alors ils l'abandonnèrent plus mort que vif. Il en revint cependant, et ce fut pour être appelé, après quelques années, au siége épiscopal de Chartres (547-558) par un des fils de Clovis, par Childebert, qui avait lui-même dirigé l'invasion dont le pieux évêque avait failli être victime[1].

Clovis eut une sœur nommée Alboflède et qui, baptisée en même temps que lui, avait embrassé la vie religieuse. Elle mourut peu après, et Clovis l'avait pleurée au point d'avoir besoin d'être rappelé par saint Remi aux devoirs de sa charge royale. « Il n'y a pas lieu, lui écrivait l'apôtre des Francs, de

---

1. *Vit S. Leobini*, c. 5-14; ap. Act. SS. O. S. B., t, I. — Clovis lui-même envahit la Bourgogne en 500; ses fils en 523 et en 532. Saint Léobin étant devenu évêque en 547, il est probable que son aventure à l'île Barbe se rapporte à la dernière de ces invasions, dirigée par Clotaire et Childebert.

pleurer cette sœur dont la fleur virginale répand son parfum en présence de Dieu, et qui a reçu une couronne céleste pour prix de sa virginité. Mon seigneur, chassez cette tristesse de votre cœur, il vous reste votre royaume à gouverner. Vous êtes le chef des peuples et vous avez à porter le poids de leur administration [1]. »

Il eut aussi une fille qui s'appelait Théodechilde, et qui, elle aussi, à ce que l'on suppose, consacra à Dieu sa virginité. On discerne à peine son existence par quelques traits épars dans les écrits de Grégoire de Tours et les autres chroniques du temps. Ils nous permettent de la saluer en passant, comme une douce et consolante apparition au milieu des violences et des horreurs de l'époque où elle vécut. Elle voulut fonder, près de la métropole gallo-romaine de Sens, un monastère en l'honneur de saint Pierre et de saint Paul (av. 507), à l'instar de celui

---

1. Ap. LABBE, *Concil.*, t. IV, p. 1268. Cf. S. GREG. TUR., *Hist.*, II, 31.

que son père et sa mère avaient construit près de Paris, au midi de la Seine, et où était enterrée sainte Geneviève. Dans cette fondation, qui a pris depuis le nom de Saint-Pierre le Vif, Théodechilde établit des moines; elle y choisit sa sépulture après lui avoir fait donation de tout ce qu'elle avait possédé ou acquis en France et en Aquitaine, c'est-à-dire en deçà et au delà de la Loire[1].

1. Ce testament se trouve dans la collection des opuscules d'un savant moine de Saint-Pierre le Vif au onzième siècle, Odorannus, publiés par le cardinal Maï, au tome IX de son *Spicilegium Romanum*, p. 62. — Odorannus cite une épitaphe d'elle ainsi conçue :

> Hunc *regina* locum monachis construxit ab imo
> Theuchildis rebus nobilitando suis ;
> Cujus nunc, licet hoc corpus claudatur in antro,
> Spiritus astrigero vivit in axe Deo.
> Implorans rectis pastoribus euge beatum
> Det sapientibus hinc neumata digna Deus.

Fortunat, le poëte attitré des princesses mérovingiennes, a aussi fait l'épitaphe d'une reine Théodechilde dont il vante surtout la munificence envers les églises; mais, comme il parle d'une reine mariée, ses vers doivent plutôt s'appliquer à une autre princesse du même nom, fille de Thierry I. Cf. FORTUNATI *Opera*, ed. Luchi, p. 144 et 199.

Un acte de généreuse pitié dû à la royale fondatrice inaugure dignement les annales de ce fameux monastère. Basolus, que le roi des Visigoths d'Aquitaine, Gesalric, avait nommé duc d'Aquitaine, fait prisonnier par Clovis dans un dernier combat, avait été conduit enchaîné à Sens. Pendant que ses gardes le conduisaient au cachot, où il s'attendait à être mis à mort, il rencontra sur son passage la fille de son vainqueur, Théodechilde. Elle résolut aussitôt de demander la vie et la liberté du captif. Clovis se refusa longtemps à ses prières ; il céda enfin, mais à la condition que le chef vaincu serait envoyé au monastère que sa fille venait de constituer, pour qu'on lui rasât la tête et qu'on le fît moine. Basolus paraît avoir adopté de bon cœur sa nouvelle profession, car il donna à Saint-Pierre toutes les terres qu'il possédait en Auvergne, et fonda ainsi le monastère et la ville de Mauriac, dans les montagnes du Cantal[1].

---

1. Mauriac est aujourd'hui une sous-préfecture du Cantal. Ce monastère fut restauré en 1100, par Raoul d'Escorailles,

Ces monastères d'Auvergne et d'ailleurs, où les vainqueurs se rencontraient souvent avec les vaincus, servaient déjà d'asile à tous les genres de misères. Grégoire de Tours nous a conservé la mémoire d'un jeune esclave arverne, Porcianus, qui, fuyant les rigueurs de son maître, se réfugie dans un monastère. Le barbare l'y poursuit et l'en arrache ; mais, frappé tout à coup de cécité, il restitue le fugitif au sanctuaire afin d'obtenir ainsi la guérison qu'il sollicitait. L'esclave devient moine, puis abbé, et gouverne le monastère, d'où il sortit un jour (vers 532) pour arrêter et réprimander le roi franc Thierry, fils de Clovis, dans sa marche dévastatrice à travers l'Auvergne[1]. Après sa mort, l'abbaye, que sa sainteté avait illustrée, prit son nom et l'a donné à la ville actuelle de Saint-Pourçain[2].

qui y mit des religieuses, en stipulant que toutes les abbesses seraient prises dans sa descendance. BRANCHE, *Monastères d'Auvergne*, p. 63. — Cf. MABILLON, *Annal.*, l. VI, c. 30.

1. GREG. TURON., *Vit. Patr.*, c. 5.
2. Chef-lieu de canton dans l'Allier.

C'est encore à Grégoire de Tours que nous devons de savoir comment le premier-né de Clovis, Thierry, roi de Metz, chef de ces Francs ripuaires qui constituèrent le royaume d'Austrasie, et père de ce Théodebert qui fut le protecteur de saint Maur, subissait avec docilité les libres remontrances que lui adressait publiquement, contre les immoralités de sa vie, l'abbé Nizier. Loin de lui en vouloir, ce roi le fit monter sur le siége épiscopal de Trèves (527). Il envoya plusieurs de ses principaux officiers le chercher dans son monastère pour le mener à Trèves. A la halte la plus voisine de la ville, ces seigneurs lâchèrent leurs chevaux au milieu des moissons. A cette vue, l'abbé Nizier indigné leur dit : « Retirez sur-le-champ vos « chevaux de la récolte du pauvre, ou bien « je vous excommunie. » « Eh quoi ! » dirent les Francs, révoltés de l'outrecuidance du moine, « tu n'es pas encore évêque, et déjà « tu nous menaces d'excommunication ! » « C'est le roi, » répondit le moine, « qui

« m'arrache de mon monastère pour me
« faire évêque : que la volonté de Dieu soit
« faite, mais quant à la volonté du roi, elle
« ne se fera pas quand il voudra le mal, en
« tant que je pourrai l'empêcher. » Là-dessus, il se mit à chasser lui-même les chevaux des champs qu'ils dévastaient. Et pendant tout son pontificat, le roi Thierry et son fils Théodebert, dont les mœurs étaient dissolues comme celles de tous les Mérovingiens, eurent à subir le zèle apostolique de Nizier. Il disait toujours : « Je suis prêt à mourir pour
« la justice. » Il brava de même le terrible Clotaire, qu'il priva des sacrements et qui, après beaucoup de menaces, finit par prononcer contre lui la peine du bannissement. Tous les autres évêques, devenus, s'il faut en croire Grégoire de Tours, les adulateurs du roi, l'avaient abandonné, ainsi que tout son clergé. Un seul diacre lui était resté fidèle et l'accompagnait sur la route de l'exil. Nizier l'engageait à faire comme les autres. « Vive
« Dieu ! » répondit ce brave homme, « tant

« que j'aurai un souffle de vie dans le corps,
« je ne t'abandonnerai pas. » Tous deux cheminaient encore vers la terre étrangère quand la nouvelle de la mort de Clotaire vint les arrêter et garantir au courageux évêque la liberté de reprendre le gouvernement de son diocèse[1].

Clodomir, roi d'Orléans, le second des fils de Clovis, vit également la noble figure d'un moine, d'Avitus, abbé de ce monastère de Micy en Orléanais, que son père avait fondé, se dresser devant lui lorsque, au moment d'entreprendre sa seconde campagne contre les Burgondes, il voulut se débarrasser de son prisonnier, le roi Sigismond, qui avait cherché en vain un refuge dans son bien-aimé cloître d'Agaune. Le religieux venait lui rappeler les droits de la pitié et lui prédire les arrêts de la justice divine. « O roi, » lui dit-il, « songe à Dieu! Si tu renonces à ton
« projet, si tu fais grâce à ces captifs, Dieu
« sera avec toi et tu seras de nouveau vain-

---

[1]. GREG. TURON., *De Vitis Patrum*, c. 17.

« queur; mais si tu les tues, toi et les tiens « vous subirez le même sort¹. » Clodomir répliqua : « C'est un sot conseil que de dire « à un homme de laisser son ennemi der- « rière lui. » Il fit égorger et jeter dans un puits Sigismond, sa femme et ses deux enfants. Mais la prédiction d'Avitus s'accomplit. Clodomir fut vaincu et tué ; sa tête, fixée au bout d'une pique, fut promenée triomphalement dans les rangs des Burgondes. On sait quel fut le sort de ses enfants; comment ses frères Childebert et Clotaire, s'armant d'une parole échappée à leur mère Clotilde, qui avait dit qu'elle aimerait mieux les voir morts que *tondus*², massacrèrent les deux aînés, et

---

1. GREG. TURON., *Hist.*, l. III, c. 5.
2. Il est probable qu'il ne s'agissait pas ici de la tonsure monastique, mais du retranchement de cette longue chevelure qui était, chez les Francs comme chez les paysans bas-bretons d'aujourd'hui, le signe de la liberté, et chez les Mérovingiens un attribut particulier de cette dynastie et de leur droit héréditaire. *Solemne est Francorum regibus nunquam tonderi... Cæsaries tota decenter eis in humeros propendet.* AGATHIÆ *Histor.*, ap. THIERRY, *Récits méroving.*, t. II, p. 17. « Un prince mérovingien pouvait subir de deux façons cette déchéance

comment le troisième n'échappa à leur couteau que pour subir la tonsure religieuse et porter, sous le nom de saint Cloud, l'un des noms monastiques les plus connus de notre histoire.

Ces féroces assassins n'en subirent pas moins à leur tour l'ascendant des leçons et des exemples donnés par les moines. Childebert surtout aurait été le roi monastique par excellence, s'il fallait en croire toutes les lé-

temporaire : ou ses cheveux étaient coupés à la manière des Francs, c'est-à-dire à la hauteur du col, ou bien on le tondait très-court, à la mode romaine, et ce genre de dégradation, plus humiliant que l'autre, était ordinairement accompagné de la tonsure ecclésiastique. » *Ibid.* — Du reste, les rois et les grands de l'ère mérovingienne apprirent de bonne heure et pratiquèrent souvent l'odieux usage d'imposer des vocations forcées aux princes dépossédés, en les faisant tondre malgré eux. L'histoire de Mérovée, fils de Chilpéric et mari de Brunehaut, dégradé par la tonsure sur l'ordre de Frédégonde, est connue de tout le monde. Un autre exemple, encore plus frappant, est celui de Thierry III, roi de Neustrie, déposé en 670 par les grands révoltés contre la tyrannie d'Ébroin, et remplacé par son frère Childéric II. Son frère lui demandant ce qu'on doit faire de lui, il répond : « Ce qu'on voudra : injustement déposé, j'attends le jugement du roi du ciel... » *Anon. Æduen. Vit. S. Leodeegarii*, c. 3.

gendes qui ont probablement concentré sur lui diverses anecdotes relatives à d'autres princes du même nom ou de la même race. Quelques-unes méritent d'être rappelées, par leur caractère particulièrement authentique ou par la lumière qu'elles projettent sur l'histoire contemporaine. On aime à voir le premier roi de Paris, en traversant le Berry pour aller combattre les Visigoths, s'arrêter à la porte de la cellule occupée par le moine Eusice et lui offrir cinquante pièces d'or. « Pourquoi faire? » lui dit le vieux reclus; « donnez-les aux pauvres ; il me suffit de « pouvoir prier Dieu pour mes péchés. Tou-« tefois, marchez en avant, vous serez vain-« queur, et puis vous ferez ce que vous « voudrez. » Childebert inclina sa tête chevelue sous la main du solitaire pour recevoir sa bénédiction et lui promit que si sa prédiction se vérifiait, il reviendrait lui bâtir une église. La prédiction s'accomplit et la promesse du roi fut tenue. Après qu'il eut défait les Visigoths et pris Narbonne leur capitale, il fit construire[1], sur les bords du Cher, un monastère et une église qui servit de sépulture au solitaire. Cette donation s'accrut de celle que fit le noble Vulfin, un des principaux Francs de l'armée, et qui, dans la distribution des récompenses que fit Childebert au retour de sa campagne, ayant demandé et obtenu un domaine royal ou ce qu'on appelait déjà un *honneur*, sur les bords mêmes de cette rivière du Cher, courut en faire hommage au saint moine, dont la renommée l'avait séduit[2].

Cet Eusice ou Eusitius devait être, d'après son nom, d'origine romaine ou gallo-romaine, comme tous les autres religieux que

---

1. A Selles en Berry, près Romorantin. Greg. Turon., *De Glor. Confess.*, c. 82. — Crinigeram cervicem sancti manibus... inclinat. Dom Bouquet, III, 129. — Eusice avait commencé par être moine à Perrecy, en Bourgogne (*Patriciacum*), qui fut plus tard un des prieurés les plus célèbres de l'ordre bénédictin. — La magnifique église abbatiale de Selles-sur-Cher fut pillée de fond en comble, en 1562, par Coligny, qui fit abattre la voûte de la nef.

2. *Vit. S. Eusicii*, ap. Labbe, *Nov. Bibl. MSS.*, II, 375.

nous avons signalés jusqu'ici. Mais Childebert eut des relations du même ordre avec un autre religieux dont le nom, Marculphe, indique une origine franque et qui est le premier de tous les saints moines dont le nom porte cette empreinte[1]. Il était d'ailleurs issu d'une race riche et puissante établie dans le pays de Bayeux, et tout, dans le récit de sa vie, témoigne de l'union contractée chez lui par la fière indépendance du Franc avec la rigoureuse austérité du moine. Il avait consacré la première moitié de sa vie à prêcher la foi aux habitants du Cotentin; puis on le voit partir, monté sur son âne, pour aller trouver Childebert en un jour de grande fête, au milieu de ses leudes, et lui demander un domaine à l'effet d'y construire un monastère où l'on

---

2. Parmi les saints moines dont le nom indique une origine germanique, je ne vois avant Marculphe ou *Marcoul*, qui mourut en 558, que *Théodoric* ou *Thierry*, mort en 533, disciple de saint Remi, premier abbé du grand monastère qui a gardé son nom, près de Reims, et dont Guillaume de Saint-Thierry, l'annaliste du douzième siècle, a tiré le sien.

prierait pour le roi et pour la république des Francs. Ce ne fut point à l'adulation habituelle aux Romains du Bas-Empire qu'il eut recours pour se faire écouter : « Paix et misé-
« ricorde à toi, de la part de Jésus-Christ, »
lui dit-il, « prince illustre. Tu es assis sur le
« trône de la majesté royale, mais tu n'ou-
« blieras pas que tu es mortel, et que l'or-
« gueil ne doit pas te faire mépriser tes sem-
« blables. Rappelle-toi le texte du Sage : *Les*
« *hommes t'ont constitué prince; ne t'élève pas,*
« *mais sois l'un d'eux au milieu d'eux.* Sois
« juste jusque dans ta clémence, et aie pitié
« jusque dans tes justices. » Childebert exauça sa demande. Mais à peine eut-il achevé cette première fondation que, pour mieux goûter les attraits de la solitude, Marculphe alla se réfugier dans une île du littoral de la Bretagne, à peine habitée par une poignée de pêcheurs. Une bande nombreuse de pirates saxons étant venue s'abattre sur cette île, les pauvres Bretons accoururent tout épouvantés aux genoux du moine franc,

« Ayez bon courage, » leur dit-il, « et si « vous m'en croyez, prenez vos armes, mar- « chez contre l'ennemi, et le Dieu qui a « vaincu Pharaon combattra pour vous. » Ils l'écoutèrent, mirent en fuite les Saxons, et une seconde fondation marqua l'emplacement de cette victoire de l'innocence et de la foi, enflammées par le courage d'un moine, sur la piraterie païenne[1].

---

1. *Acta SS. O. S. B.*, tom. I, p. 120, 124. — Cette île, appelée *Agnus* ou *Agna* dans les deux vies de saint Marculphe, est probablement celle de Harms ou Herms, près de Guernesey. — La translation des reliques de saint Marcoul, au neuvième siècle, donna lieu à la fondation du grand monastère de Corbéni (*Corpus Benedictum*), entre Laon et Reims, où les rois de France allaient prier après leur sacre et obtenaient la grâce de guérir les écrouelles, en disant : *Le roi te touche, Dieu te guérisse.*

CHAPITRE IV

Les moines en Armorique.

Émigration des moines bretons en Armorique : persistance du paganisme dans cette péninsule : traditions poétiques. — Conversion de l'Armorique par les émigrés bretons. — Les bardes chrétiens : Ysulio et Hervé l'aveugle. — Monastères armoricains : Rhuys ; Saint-Matthieu du Bout-du-Monde ; Landevenec ; Dol ; Samson, abbé de Dol et métropolitain. — Les sept saints de Bretagne, évêques et moines. — Leurs rapports avec Childebert.

Ces Saxons qui venaient troubler la solitude du saint homme Marculphe dans son île avaient depuis longtemps envahi et saccagé la Grande-Bretagne. Pour échapper à leur joug sanglant, une armée de religieux bretons, servant de guide à une population entière d'hommes et de femmes, de libres et d'esclaves, se jetant dans des barques, non de bois, mais de peaux cousues ensemble[1], chantant ou plutôt hurlant, sous leurs voiles déployées, les lamentations du Psalmiste[2], était venue chercher un asile dans l'Armorique et s'y refaire une patrie. Cette émigration dura plus d'un siècle (450-550) et versa

---

1. Quin et Aremoricus piratam Saxona tractus
Sperabat; cui pelle salum sulcare Britannum
Ludus, et assuto glaucum mare findere lembo.
   SID. APOLLIN., *Paneg. ad Avitum.*, v, 369.

Festus Avienus, qui vivait à la fin du quatrième siècle, dans son poëme curieux intitulé *Ora maritima*, parle aussi de ces nacelles en cuir dont usaient les Bretons :

Navigia junctis semper aptant pellibus,
Corioque vastum sæpe percurrunt salum.

Édit. Panckoucke, p. 110.

La légende les a quelquefois transformées en auges de pierres qui, après avoir servi de lits aux saints missionnaires pendant leur vie solitaire dans la Grande-Bretagne, leur servaient encore d'esquifs pour traverser la Manche et débarquer en Armorique. Voir la légende de sainte Ninnoc et celle de saint Budoc, dans le Propre des anciens diocèses de Dol et de Léon. ALBERT LE GRAND, *Vie des SS. de Bretagne*, éd. Miorcec de Kerdanet, 1839.

2. Cum ululatu magno ceu celeusmatis vice, hoc modo sub velorum sinibus cantantes : *Dedisti nos tanquam oves escarum...* GILDAS, *de Excidio Britanniæ.*

toute une population nouvelle, mais de race également celtique, dans la partie de la Gaule que le fisc romain et les invasions barbares avaient le moins maltraitée, et où le vieux culte celtique avait conservé le plus de vie.

A l'exception de trois ou quatre cités épiscopales, presque toute la péninsule armoricaine était encore païenne au sixième siècle[1]. Tous les symboles et les rites, les mythes et les arcanes du paganisme semblaient s'être concentrés dans cette contrée sauvage et brumeuse où les avenues et les cercles de pierres levées, les *dolmens*, les *menhirs*, se dressaient tantôt au milieu d'immenses forêts de chênes et de houx, et des landes couvertes d'impénétrables buissons d'ajoncs, tantôt sur le haut des rochers granitiques de cette

---

[1]. La vie de saint Mélaine, évêque de Vannes, au concile d'Orléans en 511, atteste que longtemps après l'arrivée des premières colonies bretonnes, le *pagus* de Vannes était encore à peu près païen : « Erant pene omnes gentiles. » *Act. SS. Bolland.*, die 6 Junii.

côte déchirée et rongée par l'Océan qui la bat au nord, au midi, à l'ouest, de ses flots infatigables. Dans une des îles de cette extrémité de la Gaule les écrivains grecs avaient placé la prison où Saturne était détenu par son fils Jupiter, sous la garde du géant Briarée. Là était, selon la plupart des poëtes, la demeure des génies et des héros, le jardin des Hespérides, les champs de l'Élysée. Ailleurs, mais toujours dans les mêmes archipels d'îlots presque inabordables, les druidesses célébraient, la nuit, à la lueur des torches, leurs mystères inaccessibles aux hommes, comme ceux d'Éleusis ou de Samothrace, et remplissaient de terreur l'âme du nautonier qui les apercevait de loin. Les sacrifices humains et surtout l'immolation des enfants s'y pratiquaient, comme chez les Carthaginois, en l'honneur de Saturne [1]. D'autres prêtresses, vouées comme les vestales romaines à une virginité perpétuelle, et inves-

---

1. Voir la légende de saint Riok.

ties comme la Velléda germaine du don de prophétie, savaient soulever et calmer la mer à leur gré, guérir toutes les maladies et annoncer l'avenir à ceux qui osaient venir les consulter dans leur île de Sein, située à la pointe la plus reculée de l'Armorique, sur cette côte affreuse de la Cornouailles, hérissée d'écueils, dans cette baie qui s'appelle encore la *baie des Trépassés*, où la tradition populaire voit errer, la nuit, les squelettes des naufragés qui demandent un suaire et une tombe [1].

Une tradition constante peuplait de fantômes les rivages de l'Armorique. C'était là, d'après Claudien, qu'Ulysse avait offert des libations sanglantes aux mânes de ses pères, en troublant le repos des morts, dans ces lieux où le laboureur entend sans cesse les accents plaintifs et le léger hennissement des mânes dont le vol sillonne les airs, et où de

---

1. ARTEMIDORUS, apud STRABON., lib. IV, p. 198. — POMPONIUS MELA, l. III, c. 6. — HERSART DE LA VILLEMARQUÉ, *Chants populaires de la Bretagne*, t. II, *la Fiancée en enfer*.

pâles fantômes viennent errer devant ses regards éperdus.

> Est locus extremum qua pandit Gallia littus,
> Oceani prætentus aquis, ubi fertur Ulysses,
> Sanguine libato, populum movisse silentem.
> Illic umbrarum tenui stridore volantum
> Flebilis auditur questus, simulacra coloni
> Pallida defunctasque vident migrare figuras[1].

Cette tradition durait encore au sixième siècle et s'était répandue jusqu'aux extrémités du monde romain. Procope, contemporain des fils de Clovis, raconte que les pêcheurs qui habitaient ces côtes avaient été exemptés par les conquérants francs de tout tribut, parce qu'ils étaient chargés de conduire les âmes des défunts jusque dans la Grande-Bretagne. « Vers minuit, » dit l'historien byzantin, « on heurte à leur porte, ils s'entendent appeler tout bas; ils se lèvent et courent au rivage; ils y trouvent des barques étrangères où ils ne voient personne; mais qu'il leur faut

---

1. *In Rufinum*, l. 1, v. 123.

conduire à la rame ; et ces barques sont si pleines de passagers invisibles qu'elles semblent au moment de sombrer, et s'élèvent à peine d'un doigt au-dessus de l'eau. En moins d'une heure le trajet est accompli, bien qu'il leur faille plus d'une nuit pour le faire avec leurs propres nacelles. Arrivés au but, les navires se déchargent au point de laisser voir leur carène. Tout demeure invisible ; mais les matelots entendent une voix qui appelle une à une les âmes voyageuses, en qualifiant chacune d'elles par la dignité dont elle a été revêtue, et en y ajoutant le nom de son père, ou, si c'est une femme, celui de son mari [1]. »

C'est sur cette terre, échue de tout temps en patrimoine à la poésie légendaire, qu'on vit s'abattre un essaim de missionnaires monastiques à la tête d'une population déjà chrétienne. Ils venaient demander un abri à des frères issus de la même race et qui par-

[1] Procop., *de Bello Gothico*, l IV, c. 20.

laient la même langue. Les chefs des moines bretons, qui débarquaient avec des armées de disciples sur la plage armoricaine, entreprirent de payer l'hospitalité qu'ils y reçurent par le don de la vraie foi, et ils y réussirent. Ils imposèrent leur nom et leur culte à leur nouvelle patrie. Ils prêchèrent le christianisme dans le dialecte commun à toutes les races celtiques et à peu près semblable à celui que parlent encore les paysans bas-bretons. Ils implantèrent dans la Bretagne armoricaine, dans notre Bretagne à nous, cette foi qui y est restée jusqu'à présent si solidement enracinée. « Le soleil, » dit un religieux breton du dix-septième siècle dans une apostrophe à l'un de ces apôtres d'outremer, « le soleil n'a jamais esclairé de canton où ayt paru une plus constante et invariable fidélité dans la vraye foy, depuis que vous en avez banni l'idolastrie. Il y a treize siècles qu'aucune espèce d'infidélité n'a souillé la langue qui vous a servy d'organe pour prescher Jésus-Christ, et il est à naistre qui ayt vu un Breton bretonnant prescher une autre religion que la catholique[1]. »

Cette conquête pacifique ne se fit pas sans résistance. Les moines bretons rencontrèrent sur le sol gaulois des ennemis presque aussi redoutables que ceux dont ils fuyaient la persécution. Le paganisme celtique se défendit avec acharnement. Les bardes cherchaient à enflammer le peuple contre ces étrangers qui venaient audacieusement imposer une nouvelle religion au sanctuaire inviolable du druidisme. On a souvent cité les menaces prophétiques lancées par un de ces poëtes de la vieille religion contre les nouveaux apôtres : « Un jour viendra où les hommes du Christ seront poursuivis, où on les huera comme des bêtes fauves. Ils mourront tous par bandes et par bataillons. Alors la roue du moulin moudra menu : le sang des moines lui servira d'eau[2]. »

1. Le P. MAUNOIR, *Epistre au glorieux saint Corentin*, 1659.
2. HERSART DE LA VILLEMARQUÉ, *Chants populaires de la Bretagne*, t. I, p. 20, 38.

Treize siècles devaient se passer avant que de nouveaux païens, plus atroces mille fois et plus inexcusables que les compatriotes du barde Gwenchlan, vinssent vérifier cette prophétie. Mais alors elle s'éteignit sous les succès et les bienfaits dont les moines bretons inondaient l'Armorique.

Eux aussi apportaient avec eux leur poésie, qui allait désormais prévaloir sur la poésie druidique, en l'épurant sans l'effacer. Eux aussi, fidèles aux traditions immémoriales de la race celtique, comptaient des bardes dans leurs rangs. Le fameux Taliesin, qui prenait le titre de prince des bardes, des prophètes et des druides de l'Occident, et qui passe pour avoir été converti par le moine Gildas, les accompagnait en Armorique [1]. Mais parmi eux on signalait encore des bardes qui depuis ont pris place parmi les saints. Tel fut Sulio ou Ysulio, qui, encore enfant

---

1. INGOMAR, *Vit. Judicaelis,* apud. D. MORICE, *Hist. de Bretagne,* preuves, t. I. — Cf. LA VILLEMARQUÉ, p. 9, et KERDANET, éditeur d'ALBERT LE GRAND, p. 218.

et jouant dans les jardins de son père, le comte de Powys, entendit des moines qui passaient, la harpe à la main, en chantant les louanges de Dieu, et fut si ravi de la beauté de leurs hymnes qu'il voulut les suivre pour apprendre d'eux à composer et à chanter ces beaux cantiques. Ses frères coururent annoncer sa fuite à leur père, qui envoya trente hommes armés avec ordre de tuer l'abbé et de lui ramener son fils. Mais l'enfant était déjà parti pour l'Armorique et réfugié dans le monastère dont il fut plus tard prieur [1].

Tel fut encore saint Hervé, dont le nom mérite de figurer parmi les plus suaves souvenirs de la poésie chrétienne. Il était le fils du barde Hyvernion, qui avait figuré parmi les nombreux musiciens que les rois mérovingiens aimaient à réunir autour de leur table [2]. Ce barde insulaire avait charmé le roi

1. Dom Lobineau, *Vie des saints de Bretagne*, p. 253; la Villemarqué, *op. cit.*, p. 11.
2. L'Italien Fortunat nous a conservé le souvenir de ces

Childebert, « tant il étoit, » dit le vieux légendaire breton, « parfait musicien et compositeur de ballets et chansons[1]. » Il était venu en Armorique épouser une jeune orpheline du pays de Léon, qu'un ange lui avait montrée en songe en lui disant : « Vous la rencontrerez demain, sur votre « chemin, près de la fontaine. Elle s'appelle « Rivanonn. » Il la rencontra en effet; elle était de la même profession que lui, elle chantait : « Quoique je ne sois qu'une pauvre « fleur du bord de l'eau, c'est moi qu'on « nomme la petite reine de la fontaine. » Il l'épousa, et de ce mariage naquit un enfant aveugle, que ses parents avaient nommé Hervé, c'est-à-dire *amer*, et qui dès l'âge de sept ans parcourait le pays et demandait l'aumône en chantant des cantiques composés

---

concerts où, la lyre à la main, il faisait sa partie, tandis que « le barbare, dit-il, jouait de la harpe, le Grec de l'instrument d'Homère, et le Breton de la rote celtique. » LA VILLEMARQUÉ, *Légende celtique*, p. 232.

1. ALBERT LE GRAND, *Vie des saints de Bretagne*, p. 313

par sa mère. Plus tard, l'orphelin aveugle, initié par son oncle à la vie cénobitique, fut placé à la tête de l'école qui joignait son monastère, où il put mettre en pratique l'aphorisme que la tradition bretonne lui attribue : « *Mieux vaut instruire le petit enfant* « *que de lui amasser des richesses*[1], » et où il apprenait à ses élèves des chants dont la mémoire du Breton moderne a gardé la trace dans cette version trop rajeunie :

« Approchez, mes petits enfants; venez entendre une chanson nouvelle que j'ai composée exprès pour vous; mettez votre peine afin de la retenir entièrement.

« Quand vous vous éveillez dans votre lit, offrez votre cœur au bon Dieu, faites le signe de la croix, et dites avec foi, espérance et amour :

« Dites : Mon Dieu, je vous donne mon cœur, mon corps et mon âme; faites que je

---

[1]. Un autre de ses aphorismes est celui-ci : *Qui désobéit au gouvernail à l'écueil obéira.*

sois un honnête homme, ou que je meure avant le temps.

« Quand vous voyez voler un corbeau, pensez que le démon est aussi noir, aussi méchant ; quand vous voyez une petite colombe blanche voler, pensez que votre ange est aussi doux et aussi blanc. »

Après la conversion du pays, les évêques missionnaires, compatriotes du père d'Hervé, voulurent le tirer de sa retraite pour lui conférer le sacerdoce, et l'appelèrent à siéger dans leurs synodes. Mais Hervé préféra toujours son petit monastère caché dans les bois. Quoique aveugle, il avait été lui-même l'architecte de sa petite église, et avait confié le soin de l'entretenir à une toute jeune fille, sa nièce ou sa cousine, élevée par sa mère et nommée Christine, « chrétienne aussi de nom et de fait[1]. » et que la légende bretonne, en la plaçant au milieu des disciples du saint, compare à une petite colombe

---

1. Albert le Grand, p. 321.

blanche parmi des corbeaux[1]. Trois jours avant sa mort, enfermé dans cette église qu'il avait bâtie, il fut ravi en extase : les yeux du pauvre aveugle s'ouvrirent pour contempler le ciel ouvert sur sa tête, et il se mit à chanter un dernier cantique que l'on répète encore dans son pays :

« Je vois le ciel ouvert ; le ciel, ma patrie,
« je veux m'y envoler... J'y vois mon père et
« ma mère dans la gloire et la beauté ; je vois
« mes frères, les hommes de mon pays. Des
« chœurs d'anges, portés sur leurs ailes,
« volent autour de leurs têtes, comme au-
« tant d'abeilles dans un champ de fleurs. »

Le troisième jour après cette vision, il dit à Christine de lui faire son lit, non pas comme d'habitude, mais avec une pierre pour oreiller et de la cendre pour couchette. « Quand « l'ange noir viendra me chercher, qu'il me « trouve couché sur la cendre. » Christine, tout en lui obéissant, lui dit : « Mon oncle, si

---

1. La Villemarqué, p. 279.

« vous m'aimez, demandez à Dieu que je
« vous suive sans tarder, comme la barque
« suit le courant. » Elle fut exaucée : au moment où Hervé expirait, la petite Christine,
« se jetant à ses pieds, y mourut aussi[1]. »
Hervé, le moine aveugle, est resté jusqu'à
nos jours le patron des chanteurs mendiants,
qui chantent encore sa légende en vers bretons, et l'on a montré longtemps, dans une
petite église de basse Bretagne[2], le berceau
de chêne vermoulu où l'endormirent de leurs
chansons le barde et la femme poëte que
Dieu lui donna pour père et pour mère[3].
Cette poésie vaut bien, ce semble, celle
de Claudien et même celle des druides.

Mais il nous faut quitter la région trop attrayante de la poésie pour rentrer dans le
domaine de l'histoire, qu'il est souvent, et

---

1. Albert le Grand, p. 321.
2. A Saint-Jean-Keran, paroisse de Tréflaouénan.
3. Cette belle légende de saint Hervé, œuvre si populaire en Bretagne, autrefois racontée avec un charme naïf, d'après les anciens bréviaires bretons, par le dominicain Albert de Mor-

ici surtout, difficile de distinguer de celui de la légende. Sans vouloir entrer dans les détails de l'immigration des mêmes Bretons en Armorique, qu'il nous suffise de constater que, cinquante ans après leur débarquement, l'Évangile régnait dans la péninsule. Cénobites ou solitaires, les moines tinrent lieu de tout autre clergé pendant plusieurs siècles, et exercèrent dès lors sur l'âme et l'imagination de la population armoricaine cet empire du prêtre qui dure encore. D'innombrables monastères s'élevèrent sur les principaux points du territoire, du littoral surtout. Parmi ceux qui remontent à cette époque, il faut signaler Rhuys, que la retraite d'Abailard devait illustrer plus tard : fondée sur une presqu'île du Morbihan, par l'un des plus fameux d'entre les émigrés bre-

laix (1636), et reproduite d'après lui par les Bollandistes, au tome V de juin, p. 365, a été élaborée tout récemment, avec autant de goût que d'érudition, par le vicomte Hersart de la Villemarqué, membre de l'Institut, dans sa *Légende celtique* (Saint-Brieuc, 1859). Il y a joint le texte breton de la légende en vers et des poésies attribuées au saint.

tons, l'abbé Gildas dit *le Sage*[1], cette abbaye compta parmi ses religieux le saxon Dunstan, enlevé par des pirates à son île natale, et devenu, sous le nom de Goustan, le patron spécial des matelots, comme le témoigne cette ronde que chantent encore aujourd'hui les femmes des marins du Croisic :

> Saint Goustan,
> Notre ami,
> Ramenez nos maris ;
> Saint Goustan,
> Notre amant,
> Ramenez nos parents.

A la pointe extrême de la péninsule et de toute la Gaule, sur le haut du promontoire si bien nommé Finistère, une abbaye s'éleva en l'honneur de l'évangéliste saint Matthieu, dont le chef avait été dérobé en Égypte par des navigateurs armoricains, et porta longtemps le nom de Saint-Matthieu du

---

[1]. Il est probable qu'il y eut plusieurs abbés et saints du même nom de Gildas, bien que Mabillon pense qu'il n'y en a eu qu'un seul. Celui de Rhuys est aussi surnommé *le Badonique,* parce qu'il était né le jour de la bataille de Badon.

Bout du Monde. A ses pieds, de redoutables rochers sont encore dénommés les Moines, et un archipel d'îlots voisins a reçu le nom breton d'Aber-Beniguet (ou Benoît), en mémoire peut-être du patriarche des moines d'Occident. Ceux de Saint-Matthieu entretenaient un phare pour le salut des mariniers dans ces parages dangereux, en face de ce terrible détroit du Raz que nul homme, selon le dicton breton, ne passa jamais sans avoir peur ou douleur, et qui a inspiré le distique si connu : « Mon Dieu, aidez-moi à traverser le Raz, car ma barque est si petite et la mer est si grande[1] ! »

Mais le plus ancien et le plus célèbre de tous ces sanctuaires fut celui de Landevenec, qui devint le foyer le plus actif de la propagande chrétienne, en même temps que du travail manuel et littéraire, dans la Gaule

---

1. ALBERT LE GRAND, p. 203 et 209. — Cf. la *Vie de saint Tanneguy*, p. 771, qui fonda cette abbaye et passe pour avoir été de la famille du Chastel, dont Tanneguy du Chastel fut la grande illustration au quinzième siècle.

occidentale. Il eut pour fondateur Guennolé, né en Armorique d'un père émigré, qui, après avoir passé trois ans sur un rocher battu des flots, choisit pour ses disciples un site boisé, caché dans une anse de la rade de Brest, exposé au soleil levant, à l'abri du terrible vent d'ouest, et où la mer venait mourir au pied de jardins délicieux. Son biographe nous a conservé l'impression qu'avait laissée dans l'âme des moines bretons ce séjour, qui leur semblait un paradis auprès des âpres et froids rivages où ils s'étaient établis jusque-là. *On n'y pouvait pas mourir*, nous dit-il, et pour que les religieux pussent voir le terme de leur pèlerinage, il fallut que Guennolé transportât leur habitation dans un site un peu éloigné, mais toujours au levant, où la mort rentra dans ses droits, mais où, pendant longtemps, les moines ne mouraient que selon leur rang d'âge [1].

1. Gurdestin, *Vita S. Winewloci, ap.* Bolland., t. I Martii, p. 259, 260. — On croit que Guennolé, mort en 504, avait été élève de saint Patrice, apôtre de l'Irlande, et que la

Le nom de Guennolé est resté populaire en Bretagne comme celui de beaucoup d'autres saints abbés venus d'outre-mer ou nés en Armorique de parents émigrés. Il nous est impossible d'énumérer leurs œuvres[1]. Constatons seulement que les principales communautés créées par ces missionnaires monastiques se transformèrent bientôt en évêchés. Tel fut surtout Dol, destiné à devenir la métropole ecclésiastique de l'Armo-

---

règle suivie à Landevenec était celle de saint Columba ou Colomb-Kill, dont il sera question plus loin. La règle bénédictine n'y fut introduite que sous Louis le Débonnaire.

1. Nous le regrettons d'autant moins que ce sujet a été supérieurement traité par M. de la Borderie, dans son *Discours sur les saints de Bretagne*, au congrès de Lorient, 2 octobre 1848. Il y a tiré le meilleur parti des détails si variés et si instructifs répandus dans les vies de ces saints publiés dans les *Acta SS.* de Mabillon et des Bollandistes. Il convient toutefois de ne pas omettre le jugement porté par ceux-ci sur toutes les légendes bretonnes : *Ad stuporem magis quam ad imitationem collecta.* T. VI Junii, p. 572. Les légendes primitives des saints bretons, publiées par Mabillon, offrent seules des caractères d'authenticité ; toutes les versions subséquentes, jusqu'à Albert de Morlaix, ont subi de nombreuses interpolations.

rique, et fondé par Samson, le plus illustre peut-être d'entre les nombreux apôtres de l'émigration bretonne. On a désigné quelquefois sous le nom des sept saints de Bretagne Samson de Dol et ses six suffragants, tous moines, missionnaires et évêques comme lui, savoir : Paul de Léon, Tugdual de Tréguier, Corentin de Quimper, Paterne de Vannes, Brieuc et Malo des deux diocèses qui, depuis, ont pris et gardé leurs noms. On a cité comme un exemple curieux de la subordination que professaient alors les suffragants pour leur métropolitain, un trait de l'évêque Paterne : ayant reçu à Vannes les lettres de saint Samson qui le convoquait au synode provincial, « comme il se débottait, ayant encore un pied botté, il les lut tout debout, remonta incontinent à cheval, suivit les messagers, et se présenta au synode, botté d'un pied seulement[1]. » Paterne, comme l'indique son nom, était le seul de ces saints

---

1. ALBERT LE GRAND, p. 248.

qui ne fût pas de la race bretonne insulaire, comme Vannes était le seul de ces diocèses qui ne dût pas son origine à un monastère d'émigrés bretons. Mais cette légende supporte difficilement l'examen. Paterne, le premier évêque de Vannes, était mort bien avant l'arrivée de Samson en Bretagne, et Vannes a toujours relevé de la métropole de Tours, comme les évêchés gallo-romains de Rennes et de Nantes[1].

Quoique l'Armorique, ainsi convertie et repeuplée par les émigrés bretons, n'eût ja-

1. Cependant une légende manuscrite du musée britannique, récemment imprimée dans la collection de Rees, *Lives of the Cambro British Saints,* constate qu'un saint, vénéré en Cambrie sous le nom de Paterne ou *Padarn,* était né en Armorique, d'où il avait passé dans le pays de Galles à la tête d'une colonie de huit cent quarante-sept moines; qu'il fut ramené en Armorique par un roi gallois nommé Caradoc; qu'il devint évêque de Vannes et suffragant de Samson, comme le dit la légende bretonne. Le savant éditeur Rees croit que c'est le Paterne qui assista au concile de Paris en 557, et que l'on croit généralement avoir été évêque d'Avranches. Ce ne peut donc être le même Paterne existant en 465 selon la tradition ordinaire. Il n'est pas impossible qu'il y ait eu deux évêques de Vannes du même nom.

mais été entièrement conquise par les Francs et fût gouvernée par les comtes indigènes et indépendants de Vannes, de Cornouailles, de Léon et de Tréguier, elle reconnaissait la suprématie partielle de Childebert, celui des fils de Clovis dont la domination s'étendait le plus loin à l'occident.

Cette suprématie incomplète et éphémère des rois francs, que Dagobert et Louis le Débonnaire eurent tant de peine à rétablir plus tard, semble alors avoir été surtout invoquée et reconnue par les missionnaires bretons. Tugdual, abbé et fondateur de Tréguier, ne fut élevé à l'épiscopat qu'avec le consentement de Childebert, auprès duquel il se trouvait lors de son élection. Il en fut de même de Paul Aurélien, premier évêque de Léon et reconnu comme tel par Childebert, sur la demande expresse du comte de la province[1]. Enfin, le métropolitain Samson,

---

1. BOLLAND., t. II Mart., p. 119. — Le saint abbé Armel, l'un des apôtres de la basse Bretagne, séjourna pendant sept

n'étant encore qu'abbé de Dol, eut à intervenir de sa personne auprès de Childebert, pour obtenir la délivrance d'un des princes indigènes, dépouillé de son héritage et emprisonné par un lieutenant tyrannique du roi franc[1]. Childebert, malgré la violente résistance de la reine, dont cet officier était le *fidèle*, exauça la prière du missionnaire breton et le combla de dons et d'honneurs. Il aurait même, selon la tradition, soumis à perpétuité, au monastère de Dol, diverses îles de la Manche, entre autres celle de Jersey, alors déserte, et qui depuis, grâce à la culture monastique, est devenue une mer-

ans près de Childebert. *Propr. Venetense,* ap. ALBERT LE GRAND, p. 523.

1. ACT. SS. O. S. B., t. I, p. 167. — C'est cet officier que les légendes de Samson, de S. Juval, de S. Léonor, de S. Tugdual et de S. Hervé appellent *Conomor* ou *Kon-mor*, c'est-à-dire le *Grand Chef*. Il gouvernait la Domnonée, qui comprenait les évêchés de Dol, de Saint-Malo, Saint-Brieuc et Tréguier, et s'était mis dans la vassalité privée de la reine Ultrogothe, ou, comme disaient les Francs, dans sa *truste*. — Cf. DOM LOBINEAU, *Saints de Bretagne*, p. 59, 91, 94, 105, 111, éd. de 1725.

veille de fertilité et de richesse agricole, avec une population six fois plus dense que celle de la France.

CHAPITRE V

**Grégoire de Tours et ses récits.
Arédius.**

Saint-Germain, évêque de Paris; abbaye de Saint-Germain des Prés. — Clotaire Ier et saint Médard. — Grégoire de Tours et les fils de Clotaire. Note sur les fondations du roi Gontran en Bourgogne. — L'abbé Arédius proteste contre la fiscalité de Chilpéric et affranchit ses serfs. — L'amour maternel et le chant monastique.

Par un de ces contrastes si fréquents dans l'histoire des Mérovingiens, la reine Ultrogothe, que la légende de saint Samson représente comme si acharnée contre ce missionnaire monastique, est vantée par d'autres récits comme la fidèle coadjutrice des moines[1]. Elle est demeurée surtout associée par

---

1. *Adjutrix fidelis monachorum. Ann. Bened.*, l. v, c. 43.

la reconnaissance des religieux et des fidèles à la mémoire de son mari, pour avoir fondé avec lui, aux portes de Paris, le grand monastère depuis si célèbre sous le nom de Saint-Germain des Prés. Cette église, qui paraît avoir été l'un des plus beaux monuments de l'époque mérovingienne, et où l'on admirait déjà les orgues et les vitraux, ces deux belles créations de l'art catholique[1], avait d'abord été construite par Childebert en l'honneur du martyr saint Vincent, dont il avait enlevé la tunique aux Visigoths ariens, lors de son invasion victorieuse en Espagne. Il la donna à des moines, avec le concours de l'évêque de Paris Germain, lui-même moine et ancien abbé de Saint-Symphorien d'Autun.

« Un jour, dit la légende bretonne, l'abbé de Dol et l'évêque de Paris devisant ensemble de leurs monastères..., saint Samson dit que ses religieux étaient si bons ménagers et

---

1. VENANTIUS FORTUNATUS, *Carmina*, II, 10 et 11.

soigneux de conserver des ruches de mouches à miel, qu'outre le miel qu'ils recueillaient en abondance, elles leur fournissaient plus de cire qu'ils n'en employaient à l'église le long de l'année ; mais que le pays n'étant pas propre pour le vignoble, ils enduraient grande disette de vin : « Et nous, au contraire, » dit saint Germain, « nous avons des
« vignes en abondance et du vin plus de
« beaucoup qu'il n'est besoin pour la provi-
« sion du monastère ; mais il nous faut
« acheter toute la cire pour l'église. S'il vous
« plaist, nous vous donnerons tous les ans
« la dixième partie du vin qui se cueillera
« dans nos vignes, et vous nous fournirez de
« cire pour le luminaire de notre église. »
Samson accepta l'offre, et s'accommodèrent ces deux monastères ainsi pendant la vie des saints[1]. »

L'abbaye parisienne reçut plus tard le nom de saint Germain, qui resta toujours

---

1. ALBERT LE GRAND, p. 422.

moine dans l'exercice de sa charge épiscopale[1] et qui exempta lui-même le nouveau monastère de la juridiction épiscopale. Tant qu'il vécut, il exerça le plus salutaire ascendant sur les rois mérovingiens. Il devint ainsi un des saints les plus populaires entre tous ceux que l'ordre monastique a donnés à l'Église, et les Parisiens se contèrent longtemps, entre autres traits de son inépuisable charité, comment, « ayant plus chière la voix du pauvre que le don du roi[2] », il avait vendu, pour racheter un esclave, le cheval de prix que le roi lui avait donné, à charge de le garder pour lui seul.

Childebert mourut entre ses bras et fut enterré dans l'église du monastère qu'il avait richement doté, du consentement de tous ses leudes francs et neustriens[3]. A sa

1. *Vit. S. Germani*, c. 12.
2. *Chroniques de Saint-Denys*, liv. III, c. 5. — Cf. Venant Fort., c. 22.
3. Cum consensu et voluntate Francorum et Neustrasiorum. — L'authenticité de ce fameux diplôme, souvent contestée, a été proclamée par Mabillon. — La dédicace eut lieu le jour même

mort, son frère Clotaire devint le seul roi de toute la monarchie franque. Lui aussi, malgré sa férocité trop bien constatée, avait connu et aimé les moines ; lui aussi voulut être enterré dans l'église du monastère qu'il avait fondé dans un faubourg de sa capitale de Soissons, sous le nom de Saint-Médard, qui était celui d'un grand évêque (fils d'un Franc et d'une Romaine) dont il avait su admirer les vertus et quelquefois écouter la parole. Il rendit en mourant témoignage de sa foi et de ses trop justes terreurs par ces paroles que Grégoire de Tours nous a conservées : « Quelle est donc la puissance de « ce roi du ciel qui fait ainsi mourir comme « il lui plaît les plus puissants rois de la « terre[1] ? »

La grande figure de saint Grégoire de

---

de la mort du roi, 23 décembre 558. Cette date est établie par Guérard, dans son admirable édition du *Polyptyque d'Irminon*, t. I, p. 907-913. Le premier abbé fut Droctovée, que Germain fit venir de son ancien monastère de Saint-Symphorien à Autun.

1. *Hist. eccl. Franc.*, III, 21.

Tours domine toute la seconde génération des descendants de Clovis, et ces luttes sanglantes entre les fils de Clotaire, dont il nous a tracé le tableau immortel dans ces fameux récits, rajeunis et quelquefois altérés par la plume du plus grand historien de nos jours[1]. Quelques-uns l'ont cru moine[2], et nous aimerions à pouvoir revendiquer pour l'ordre monastique sa gloire si pure; ce qui est certain, c'est qu'il fut de beaucoup le plus honnête et le plus illustre personnage des temps qui l'ont eu pour historien. Attristé et quelquefois découragé à l'excès par les horreurs dont il fut le témoin et l'annaliste, son âme demeura toujours supérieure à sa fortune et même à son talent. Sans perdre de vue le respect profond que les traditions de sa famille et ses prédilections romaines lui inspi-

---

1. *Récits mérovingiens* de M. AUGUSTIN THIERRY, qui a, du reste, rendu la plus éclatante justice au talent et au caractère de son modèle.

2. *Haud constat,* dit MABILLON, *Ann. Bened.,* lib. VIII, c. 62.

raient pour la puissance souveraine, il n'hésita jamais à tenir tête, quand il le fallait, aux petits-fils de Clovis et surtout à ce Chilpéric, qu'il appelle l'Hérode et le Néron de son siècle; tyran atroce et ridicule, qui rêvait, entre tous ses forfaits, d'augmenter le nombre des lettres de l'alphabet et de réduire celui des personnes de la Trinité.

Grégoire travailla de son mieux, non pas à une unité monarchique que nul ne rêvait alors, mais à l'union des princes de la race mérovingienne, seul moyen de consolider et de justifier la domination franque dans les Gaules. L'histoire de France a inspiré peu de pages plus belles que ce préambule de son cinquième livre où, s'adressant à tous ces princes sans frein dans la férocité comme dans la mollesse, il s'écrie :

« Je suis las de raconter toutes les vicissitudes de ces guerres civiles qui dévastent la nation et le royaume des Francs... Que faites-vous donc, ô rois? Que voulez-vous? Que cherchez-vous? Que vous manque-t-il? Vous habitez des maisons de délices, vos celliers regorgent de vin, de blé, d'huile, et vos coffres d'or et d'argent. Une seule chose vous manque, la grâce de Dieu, parce que vous ne voulez pas la paix. Pourquoi toujours prendre ou convoiter le bien d'autrui?... Si la guerre civile fait tes délices, ô roi! livre-toi donc à celle que l'Apôtre nous révèle dans le cœur de l'homme, à la guerre de l'esprit contre la chair; fais vaincre tes vices par tes vertus, et alors, affranchi, tu serviras librement le Christ, qui est ton chef, après avoir été l'esclave enchaîné du mal[1]. »

Du sein des récits si vivants et si variés du père de notre histoire, il serait facile de glaner des faits qui se rattachent à notre sujet et de montrer parmi les petits-fils de Clovis, les uns, comme Gontran de Bourgogne[2] et Sigebert d'Austrasie, amis des

---

1. Lib. v, *Prologus*.
2. Gontran, fils de Clotaire 1er, roi d'Orléans, puis de Bourgogne, fonda, vers 577, à la porte de sa nouvelle capitale de Châlon-sur-Saône, une abbaye célèbre sous l'invocation de saint

moines et créateurs de nouveaux monastères; les autres, comme Chilpéric et son fils, livrant, dans leurs incursions au midi de la Loire, les sanctuaires monastiques aux flammes, les moines à la mort ou à l'exil, et les religieuses à la brutale luxure de leurs soldats[1]. Mieux vaut toutefois suspendre une trop aride nomenclature pour nous arrêter

Marcel, au lieu même où ce martyr fut immolé par les Romains, et où il resta pendant trois jours vivant, à moitié enterré dans une fosse, priant pour ses bourreaux et pour cette terre de Bourgogne qu'il fécondait de son sang. Dans son diplôme de fondation, Gontran dit : « Je vois avec douleur « qu'en punition de vos péchés les églises fondées pour le ser- « vice de Dieu dépérissent par l'ambition démesurée des « princes et la trop grande négligence des prélats... » Il voulut que la nouvelle abbaye fût réglée sur le mode d'Agaune, le grand monastère du royaume burgonde qui avait précédé la Bourgogne mérovingienne, et il y introduisit par conséquent la *Psalmodie perpétuelle*. Il fit de même à Saint-Bénigne, monastère élevé à Dijon sur la tombe d'un autre apôtre et martyr de la Bourgogne. Gontran se fit enterrer dans l'abbaye qu'il avait fondée, comme l'avaient été son père Clotaire à Saint-Médard et son oncle Childebert à Saint-Germain des Prés. Saint-Marcel, réduit en prieuré de l'ordre de Cluny en 1060, a été depuis célèbre par la retraite et la mort d'Abailard.

1. GREG. TURON., IV, 48.

un moment sur la noble attitude d'un moine gallo-romain[1] que Grégoire avait beaucoup connu, dont il nous a laissé la biographie, et chez qui la vie religieuse semble avoir développé une vive et tendre sollicitude pour les misères de ses concitoyens.

Arédius, né à Limoges d'une très-noble famille, avait été *recommandé* ou confié dès son enfance, comme otage ou comme page, au roi franc Théodebert, à celui-là même que l'on a vu si bien accueillir les fils de Saint-Benoît à Glanfeuil. Il se fit bientôt re-

---

1. *Hist. Eccl. Francor.*, l. x, c. 29. — Il existe en outre deux Vies de saint Arédius (ap. BOLLAND., t. VI August., p. 175). La première est la plus courte, *Vita prima*, est d'un anonyme contemporain. La seconde, *Vita prolixior*, est attribuée par Mabillon, qui l'a publiée dans ses *Analecta* (p. 198), à Grégoire de Tours lui-même; mais Ruinart (*Opera Greg. Tyr.*, p. 1285) et les Bollandistes ont démontré que cette attribution est inexacte. Elle n'en a pas moins été comprise dans la nouvelle édition de ses *Opera minora*, publiée par H. Bordier pour la Société de l'histoire de France. Du reste, Grégoire parle d'Arédius dans plusieurs autres endroits de ses ouvrages. *Hist. Franc.*, l. VIII, c. 15 et 27. — *De Mirac. S. Juliani*, c. 40. — *De Virtutibus S. Martini*, II, 39. — *De Gloria Confess.*, c. 9.

marquer de ce prince, qui le prit pour secrétaire ou, comme on disait déjà, pour chancelier[1]. C'était une fonction qui tendait dès lors à devenir très-importante et dont les titulaires vinrent plus d'une fois grossir les rangs de l'ordre monastique. Nizier, ce moine devenu évêque de Trèves, dont nous avons raconté plus haut le courage et l'humanité, crut distinguer sur la figure du jeune courtisan qu'il rencontrait dans le palais de son roi l'empreinte d'une vertu surnaturelle. Il l'attira dans sa cellule, où il lui parlait de Dieu et lui inspirait, avec la connaissance des vérités religieuses, le goût de la vie claustrale. Une colombe qui, pendant ces entretiens confidentiels, venait sans cesse se poser sur la tête ou sur l'épaule du jeune et docile Arédius, acheva de convaincre le

---

1. Le Huërou, se fondant sur un texte dont il ne cite pas l'origine (Sanctus Aredius, Lemovicensis abbas, apud Theodebertum cancellarius, *quæ prior erat militia palatina*), dit que cette charge était le poste le plus éminent de la cour des Mérovingiens. *Instit. mérov.*, I. 383.

prélat que l'Esprit-Saint devait éclairer son élève[1]. Il lui permit toutefois de retourner auprès de sa mère Pélagie, qui n'avait pas d'autre famille que cet unique enfant. Mais, rentré dans son Limousin, Arédius ne voulut plus s'occuper de ses champs ni de ses vignes; il les abandonna à sa mère, en la chargeant de pourvoir à la subsistance de la petite communauté qu'il forma dans un de ses domaines, qu'il peupla surtout de gens de sa maison[2], et dont est sortie une ville nommée, d'après lui, Saint-Yrieix[3].

Il avait d'abord voulu s'enfermer dans une caverne; mais, à la prière de sa mère, il transféra son monastère dans un site plus agréable. Il y partageait son temps entre le

1. GREG. TUR., *loc. cit.*
2. Dans son *Histoire,* Grégoire dit qu'il y suivait les règles de Cassien, de saint Basile et des autres abbés, *qui monasterialem vitam instituerunt.* Il ne fait aucune mention spéciale de saint Benoît; mais dans la *Vita prolixior,* écrite par un témoin oculaire des miracles qui s'opérèrent sur la tombe d'Arédius à la fin du sixième siècle, tout porte déjà l'empreinte de la règle bénédictine. Cf. BOLLAND., *loc. cit.*
3. Chef-lieu d'arrondissement dans la Haute-Vienne.

labourage et l'étude ; il transcrivait surtout, de sa propre main, des exemplaires de l'Écriture sainte et des livres liturgiques qu'il se plaisait à distribuer entre les églises des diocèses voisins. Les pauvres et les malades affluaient auprès de lui comme les abeilles à la ruche[1]. Il secourait les uns et guérissait les autres. Il sortait tous les ans de son cloître pour aller à Tours célébrer la fête de saint Martin et baiser en priant la tombe du grand évêque, puis traversait la Loire pour gagner Marmoutier et s'y retremper dans l'esprit monastique, en visitant tous les lieux que Martin avait sanctifiés par son séjour; il en rapportait, en guise de remède pour les malades, de l'eau du puits que Martin avait ouvert par son propre travail. C'est là qu'il rencontra l'évêque Grégoire, dont il devint l'intime ami, et qui nous a conservé tous ces détails[2].

Il resta d'ailleurs toujours en relation

1. *Vita prolixior*, p. 200.
2. *De Mir. S. Mart.*, II, 39. Cf. III, 24.

avec les princes mérovingiens, et il en usait pour intervenir au profit des populations opprimées. Plus d'une fois, lorsque les tributs et les tailles étaient appliqués avec trop de rigueur aux villes des Gaules, d'après les rôles que les rois avaient fait dresser, il courait auprès de ces rois pour leur demander de diminuer cet intolérable fardeau. Un jour que, traversant Paris, il avait voyagé en toute hâte et secrètement jusqu'à Braine, où se trouvait alors le roi Chilpéric, celui-ci, qui était malade d'une grosse fièvre, informé de son arrivée, le fit aussitôt introduire, espérant qu'il obtiendrait sa guérison par les prières du serviteur de Dieu. Mais Arédius, tout en lui tâtant le pouls, ne songea qu'à l'entretenir de l'objet du voyage. Le roi, touché ou effrayé par ses remontrances, lui livra les rôles des contributions qui pesaient si cruellement sur le pauvre peuple. Alors l'abbé fit allumer un grand feu et brûla de ses propres mains les funestes registres, en présence d'une foule nombreuse. Il avait d'avance annoncé que le roi guérirait, mais que ses fils mourraient à sa place, et c'est ce qui arriva[1].

Une autre fois, ayant appris qu'il y avait à Limoges plusieurs condamnés à mort, il quitta son monastère pour se rendre à la ville et aviser au moyen de les sauver. Ici la tradition populaire s'empare du souvenir de la compassion dont le cœur du saint abbé était inondé pour tous les genres de malheurs. Elle rapporte que, au moment où il approchait de la prison, les portes roulèrent d'elles-mêmes sur leurs gonds et que toutes les serrures se brisèrent, ainsi que les chaînes des captifs, qui purent ainsi prendre la fuite et aller chercher un asile

---

[1]. *Vita prolixior*, p. 203. — Les Bollandistes (p. 190) et Ruinart pensent que ce roi, qui n'est pas nommé dans le récit contemporain, était Chilpéric Ier, roi de Neustrie et fils de Clotaire; mais il est singulier que Grégoire de Tours, qui connaissait si bien Arédius, ne l'ait point nommé en racontant comment Frédégonde et Chilpéric se décidèrent à brûler les rôles d'impôt après la mort de leurs trois fils. *Hist. Franc.*, lib. I, c. 35.

inviolable auprès du tombeau de saint Martial, premier apôtre du Limousin[1].

Il nous reste un monument plus authentique de sa sollicitude pour ses inférieurs, dans son testament rédigé vingt ans avant sa mort et confirmé à la veille du jour où, plein de jours et de travaux[2], il allait paraître devant Dieu. Il y place son monastère avec ses moines, sa *villa* d'Excideuil avec tous les serfs ou *mancipia* qui cultivaient ses vignes, et dont il énumère soigneusement les noms et les familles, sous la protection de l'église de Saint-Martin de Tours, qui était alors le sanctuaire le plus

---

1. *Vita prolixior*, p. 201. — Grégoire de Tours raconte un autre trait qui démontre à quel point, dès lors, les religieux étaient regardés comme les protecteurs naturels et efficaces des condamnés. Un criminel avait été condamné à mort ; quand il eut été pendu, la corde se rompit, et il tomba à terre sans être blessé. On le pendit de nouveau. A cette nouvelle, l'abbé du monastère le plus voisin courut auprès du comte supplier pour lui, et, après avoir obtenu la vie du coupable, l'emmena au monastère, repentant et sauvé. *De Mirac. S. Martini*, III, 53.

2. Post labores innumeros viriliter ac fortiter toleratos. *Vita prima*, n° 13.

vénéré de la Gaule. Il y stipule expressément que certaines femmes vassales qu'il y dénomme ne payeront chaque année qu'un *triens* par tête aux moines de son monastère. Enfin, il y désigne par leurs noms une cinquantaine d'hommes et de femmes, y compris une certaine Lucie qui était captive et qu'il avait rachetée; il confie leur liberté à la garde de saint Martin. « Ce sont « là, » dit-il dans l'acte, « mes hommes libres « et mes femmes libres, dont les uns m'ont « été confiés par mon père de bonne mé- « moire, dont les autres ont été affranchis « par moi pour le bien de l'âme de mon « frère; je te les donne à défendre à toi, « mon seigneur saint Martin. Et si quelqu'un « prétend exiger d'eux plus qu'ils ne doi- « vent, et les inquiéter ou les opprimer en « quoi que ce soit, c'est à toi, saint Martin, « qu'il appartiendra de les protéger[1]. »

1. MABILLON, *Analecta*, p. 209. — L'authenticité de ce testament mentionné par Grégoire de Tours, publié et annoté comme authentique par Mabillon et Ruinart, a été contestée

A la distance où nous sommes des hommes et des choses du sixième siècle, il est facile de sourire de ce vieux moine qui n'imagine pas de meilleure sauvegarde pour la liberté de ses clients que l'intervention d'un saint mort et enterré depuis cent ans. Mais Grégoire de Tours constate la croyance universelle aux nombreux miracles que ce saint opérait pour venger les faibles et punir les tyrans.

Pendant l'agonie de ce bienfaiteur des malheureux et des esclaves, une pauvre femme malade, une possédée, que le saint abbé n'avait pu guérir, s'échappa de la prison où on la tenait enfermée, et se mit à courir jusqu'au monastère en criant : « Accourez, amis « et voisins, et dépêchez-vous ; venez bondir « au-devant des martyrs et des confesseurs « qui viennent célébrer les obsèques de notre « saint abbé. Voilà Julien qui arrive de

par le Cointe. Les Bollandistes le discutent sans se prononcer. Il est très-long, et renferme une foule de dispositions qui en font un des documents les plus curieux de l'époque.

« Brioude, Martin de Tours, Martial de notre
« ville de Limoges, Saturnin de Toulouse,
« Denys de Paris, et tant d'autres qui sont
« au ciel et que vous y invoquez comme
« martyrs et comme confesseurs de Dieu ! »
Arédius avait, quelque temps auparavant, prédit sa mort à son ami Grégoire de Tours et pris congé de lui en déposant un dernier baiser sur la tombe de saint Martin; il mourut plus qu'octogénaire, et la pauvre possédée fut guérie par son intercession[1].

La foi, qui entr'ouvrait le ciel aux yeux de cette pauvresse et lui montrait les apôtres dont le martyre avait opéré la première conversion des Gaules, occupés à serrer leurs rangs pour y recevoir les nouveaux confesseurs enfantés par l'ordre monastique, cette foi ardente et tendre enflammait naturellement le cœur des femmes chrétiennes de la Gaule et leur rendait de plus en plus chers les cloîtres, d'où sortaient à la fois tant d'au-

---

1. Greg. Tur., x, 29.

mônes et l'exemple de tant de vertus. Celles qui ne se rangeaient pas sous les lois de la vie religieuse y avaient des frères ou des sœurs, mais surtout des fils ou des filles ; et l'amour maternel redoublait alors leur attachement à l'institution qui résumait le mieux pour elles les bienfaits et les devoirs du christianisme. Ce même Grégoire de Tours, qui nous a laissé des renseignements si inappréciables sur l'histoire non-seulement des premiers temps de nos pays, mais encore du cœur humain, raconte un trait touchant qui se rapporte aux annales de cette fameuse abbaye d'Agaune (dont nous avons déjà dit un mot[1]), élevée en l'honneur de saint Maurice et des martyrs de la légion thébéenne, près de l'embouchure du Rhône dans le lac de Genève, et métropole monastique du premier royaume de Bourgogne. Une mère y avait mené son fils unique, qui y était devenu un religieux instruit et surtout habile à chanter

1. Tome I, page 280, et tome II, page 33, à l'occasion du voyage de saint Maur.

l'office liturgique; il tomba malade et mourut; sa mère, au désespoir, vint l'ensevelir, puis revint chaque jour gémir et pleurer sur sa tombe. Une nuit, elle vit en rêve saint Maurice qui voulut la consoler, mais elle répondait : « Non, non, tant que je vivrai, toujours
« je pleurerai mon fils, mon unique enfant.
« — Mais, » répliqua le saint, il ne faut pas
« le pleurer comme s'il était mort; il est
« avec nous, il jouit de la vie éternelle, et
« demain, aux matines du monastère, tu en-
« tendras sa voix parmi le chœur des moines,
« et non-seulement demain, mais tous les
« jours et tant que tu vivras. » La mère, s'éveillant, se leva aussitôt et attendit avec impatience le premier coup de matines pour courir à l'église des moines. Le chantre ayant entonné les répons, lorsque les moines en chœur eurent repris l'antienne, la mère distingua et reconnut aussitôt la voix de son cher enfant. Elle rendit grâces à Dieu, et chaque jour, trompant ainsi sa douleur et sa maternelle tendresse, pendant le reste de sa

vie, dès qu'elle s'approchait du chœur, elle entendait la voix de son fils bien-aimé se mêler à la douce et sainte harmonie du chant liturgique[1]. Et nous aussi, il nous semble l'entendre retentir à travers les âges, cette voix enchanteresse, cette voix de l'enfant, *vocem infantuli*, de toutes les mélodies que l'oreille humaine puisse recueillir, la plus pure, la plus chère, la plus voisine du ciel.

La légende armoricaine, elle aussi, sait faire vibrer cette même corde de l'amour maternel. Elle nous raconte comment la mère du barde chrétien, de ce jeune aveugle Hervé, dont nous parlions tout à l'heure[2], après avoir consenti pendant sept ans à le laisser vivre loin d'elle dans un cloître, où il apprit à exceller dans le chant, alla le rejoindre, et disait en approchant : « Je vois une proces-

---

1. Dum advixero, semper deflebo unicum meum, nec unquam migrabor a lacrymis, donec oculos corporis hujus.. mors concludat... Impletum est ut omnibus diebus vitæ suæ vocem audiret infantuli inter reliqua modulamina vocum. GREG. TUR., *De Glor. Martyrum,* c. 76.

2. Page 80.

« sion de moines qui s'avance, et j'entends
« la voix de mon fils; il y en aurait mille,
« chantant tous à la fois, que je distinguerais
« celle de mon Hervé. Je vois mon fils ha-
« billé de gris, avec une corde de crin pour
« ceinture. Dieu soit avec vous, mon fils le
« clerc! Quand, avec l'aide de Dieu, je mon-
« terai au ciel, vous serez prévenu, vous en-
« tendrez chanter les anges. » Et le soir même
de ce bienheureux revoir, elle mourut; et
son fils, le chantre et le barde monastique,
entendit les anges qui célébraient ses obsèques dans le ciel[1].

Le noble Arédius, dont la mort nous a
valu ce retour dans le domaine de la légende,
ne sortait pas seulement du cloître pour
prier sur le tombeau de saint Martin ou pour
aller implorer, en faveur des peuples pressu-
rés, les rois mérovingiens. Il allait encore
tous les ans visiter, dans un monastère de
Poitiers, la plus illustre des religieuses de ce
siècle, la reine Radegonde.

1. LA VILLEMARQUÉ, *Légende celtique,* p. 257.

CHAPITRE VI

Sainte Radegonde.

Origine de sainte Radegonde et sa captivité. — Clotaire l'épouse. — Note sur sainte Consortia. — Radegonde prend le voile des mains de saint Médard, s'établit à Poitiers et y fonde le monastère de Sainte-Croix. — Clotaire veut la reprendre, saint Germain l'en empêche. — Vie claustrale de Radegonde. — Son voyage à Arles. — Ses relations avec Fortunat. — Ses poésies. — Son indifférence pour le dehors; sa sollicitude pour la paix entre les princes mérovingiens. — Ses austérités. — Son amitié pour le bénédictin saint Junien. — Ils meurent tous deux le même jour. — — Révolte des religieuses de Sainte-Croix sous Chrodjelde et Basine, princesses du sang mérovingien. — Elle coïncide avec l'arrivée de Colomban, le grand missionnaire celtique dans les Gaules.

> In nidulo meo moriar.
> JOB, XXIX, 18.

> Ella giunse e levò ambo le palme,
> Ficcando gli occhi verso l'oriente,
> Come dicesse a Dio : d'altro non calme.
>
> *Te lucis ante* si divotamente
> Le uscì di bocca è con si dolci note
> Che fece a me uscir di mente
>
> Et l'altre poi dulcemente e divote
> Seguitar lei per tutto l'inno intero
> Avendo gli occhi alle superne rote.
> *Purgat.*, c. VIII.

Voici une douce et noble figure qu'il faut

contempler un peu plus longuement; c'est celle de la sainte reine qui fut la première à donner l'exemple, depuis si fréquent, d'une tête couronnée soumise à la discipline commune des lois monastiques.

Sa vie, aussi agitée qu'édifiante, aussi faite pour la poésie que pour l'histoire, fut contemporaine de tous les forfaits qui souillent les annales de la descendance de Clovis. Grande et généreuse en même temps que touchante et passionnée, elle nous représente non-seulement la sainte, mais la Germaine, avec son imposante majesté et son énergie presque farouche, dominées et transfigurées par la foi chrétienne. Elle inaugure dignement cette action prodigieuse de la vie religieuse sur les femmes et les reines des peuples barbares, qui a su placer des Radegonde et des Bathilde sur le trône et sur les autels, dans un temps qui semblait livré en proie aux Frédégonde et aux Brunehaut.

Lors de l'expédition des rois Thierry Ier et Clovis Ier au delà du Rhin, et de la guerre d'extermination qu'ils firent aux Thuringiens en 529, la fille d'un roi de Thuringe tomba en proie aux vainqueurs. Elle s'appelait Radegonde[1]; et malgré son extrême jeunesse, sa rare et précoce beauté enflamma tellement les deux frères qu'ils furent au point d'en venir aux mains pour se la disputer. Elle finit par échoir à Clotaire, le plus cruel et le plus débauché des fils de Clovis. La royale captive, arrachée par le droit du vainqueur à sa famille et à son pays, fut transportée dans

1. Nous avons sa vie écrite d'abord par deux contemporains, le poëte Fortunat, évêque de Poitiers, et Baudonivia, religieuse qu'elle avait élevée, puis par Hildebert, évêque du Mans au douzième siècle. On peut encore consulter un travail curieux intitulé la *Preuve historique des Litanies de la grande reyne de France saincte Radegonde*, par Me Jean Filleau, docteur et régent de l'Université, avocat du roy, etc.; Poitiers, 1543, in-folio. Tout le monde a lu les pages que lui a consacrées M. Augustin Thierry dans ses *Récits mérovingiens*. M. Édouard de Fleury, dans son *Histoire de sainte Radegonde* (Poitiers, 1843), et surtout le savant et regrettable abbé Gorini, dans son excellent ouvrage intitulé *Défense de l'Église catholique contre les erreurs historiques*, etc. (Lyon, 1853, t. II, ch. 15), ont très-utilement redressé les erreurs qui déparent l'éloquente narration de l'illustre aveugle.

une des *villas* de Clotaire, où il lui fit donner une éducation soignée et même littéraire, dans le dessein d'en faire un jour sa femme. Elle prit goût à l'étude, mais surtout à la piété; et loin d'aspirer à partager le lit et le trône de son féroce vainqueur, elle disait à ses jeunes compagnes qu'elle ne désirait rien tant que le martyre[1].

Elle était plus loin encore d'oublier les scènes de carnage et de désolation qui avaient épouvanté son enfance. « A quelles larmes, » disait-elle trente ans plus tard, « n'ai-je pas été destinée, pauvre prisonnière traînée à l'ennemi, à travers les cendres de ma patrie et les débris du palais de mes aïeux!... J'ai vu toute ma noble maison déchue de sa gloire et captive d'un maître hostile! mon père égorgé le premier, puis mon oncle; leurs couronnes d'or jetées dans la poussière, leurs corps privés des honneurs funèbres, et toute

---

[1] Act. SS. Bolland., t. III Aug., p. 84, 86. — Elegantissima, speciosa nimis et venusta aspectu. *Vit. S. Juniani*, c. 5, ap. Act. SS. O. S. Ben., t. I, p. 293.

ma nation ensevelie dans un même tombeau ! J'ai vu les femmes traînées en esclavage, les mains liées, les cheveux épars, sans pouvoir même déposer un dernier baiser sur le seuil de leur foyer ; l'une marchant nu-pieds dans le sang de son mari ; l'autre passant sur le corps de son frère... J'envie les hommes qui sont tombés sous le fer des Francs. Je survis seule pour les pleurer tous, et toute barbare que je suis, je n'ai pas assez de larmes. Je les cache cependant sous ma paupière humide, je comprime aussi mes murmures ; mais ma douleur parle et proteste dans mon cœur[1]. »

Lorsqu'elle eut dix-huit ans et qu'elle sut que le roi faisait tout préparer pour ses noces, elle s'échappa de nuit, dans une barque, du domaine, situé sur la Somme, où on la retenait. Mais on l'eut bientôt reprise, et Clotaire mit peu après sa prisonnière au nombre de ses reines, c'est-à-dire des femmes qu'il

---

1. *De Excidio Thuringiæ ex persona Radegundi*, ap. Venant. Fortunati opera, ed. Luchi, p. 483.

élevait au-dessus du rang de ses concubines[1]. On lui en connaît jusqu'à six de cette sorte, dont deux veuves de ses deux frères et deux sœurs épousées à la fois. Quant à Radegonde, il l'aima passionnément, au moins pour un temps, et plus que toutes les autres, tout en se plaignant de sa froideur et de l'étrange contraste qu'il rencontrait à chaque instant entre elle et lui : « Ce n'est point une reine

---

1. Cf. Act. SS. Bolland., *loc. cit.*, p. 50. — On nous permettra de renvoyer au savant commentaire des hagiographes jésuites pour les difficultés que soulèvent non-seulement la polygamie de Clotaire, mais surtout la question de savoir comment Radegonde a pu prendre le voile du vivant de son mari. Il faut rendre à Clotaire la justice de reconnaître que, malgré son goût effréné pour les femmes, il savait respecter la virginité quand elle lui apparaissait consacrée par la religion, ainsi que le démontre la touchante histoire de Consortia, riche héritière provençale, dont l'immense fortune avait attiré une foule de prétendants, et qui alla demander à Clotaire la faveur de rester dans le célibat au milieu de ses domaines, dont le revenu était consacré à l'Église et aux pauvres. Elle l'obtint après avoir guéri d'un mal mortel une des filles de Clotaire. Plus tard, cette jeune princesse obtint de son frère Sigebert que Consortia, de nouveau poursuivie en mariage par un seigneur franc, pût garder la liberté que lui avait assurée Clotaire. Act. SS. O. S. B., t. I, p. 235.

que j'ai là, » disait-il, « c'est une vraie religieuse[1]. » La jeune et belle captive cherchait naturellement dans la religion la seule douceur qui pût la consoler de son mariage, et la seule force que dût respecter, tout en la comprenant à peine, le maître qu'il lui fallait subir. Lorsque le roi l'appelait à souper avec lui, elle le faisait attendre jusqu'à ce qu'elle eût fini ses lectures pieuses; Clotaire s'en irritait et lui faisait de violentes querelles que le barbare amoureux cherchait ensuite à se faire pardonner en rachetant par des cadeaux les injures qu'il lui avait dites. La nuit, elle se levait d'auprès de lui pour aller s'étendre sur un cilice, jusqu'à ce qu'elle fût à demi gelée et que le lit même pût à peine la réchauffer. Toutes ses journées étaient consacrées à l'étude des saintes lettres, à des entretiens prolongés avec les clercs et les évê-

---

[1]. Quam tanto amore dilexit, ut nihil præter illam se habere aliquoties fateretur. *Vit. S. Juniani, loc. c.* — Dicebatur habere se magis jugalem monacham quam reginam. BOLLAND., p. 69.

ques qui venaient à la cour de Soissons, et surtout à l'aumône et à l'administration d'un hôpital qu'elle avait fondé dans ce domaine d'Athies où elle avait passé les premières années de sa captivité, et où elle rendait elle-même aux femmes malades les soins les plus dévoués[1].

Tout, dans sa vie, révélait l'empire absolu de la foi du Christ sur son âme, et l'ardente passion de servir cette foi sans réserve et sans retard. Tantôt on la voyait, lorsque ses servantes avaient vanté le nouvel attrait qu'ajoutait à sa beauté une sorte de coiffure ornée de pierreries, à l'usage des reines barbares, courir déposer ce diadème sur l'autel de l'église la plus voisine[2]. Tantôt, indignée de rencontrer sur sa route un temple païen, un vestige de ce qu'elle regardait comme une superstition diabolique, elle s'arrêtait au milieu de son cortège militaire pour en ordonner la destruction immédiate : malgré les cris

1. Bolland., *loc. cit.*
2. *Ibid.*

furieux et la résistance acharnée de la population d'alentour, composée de Francs encore idolâtres qui voulaient défendre avec leurs épées et leurs bâtons le sanctuaire de leur culte national, elle restait à cheval au milieu de son cortége, jusqu'à ce que l'édifice eût disparu dans les flammes[1].

Au bout de six ans de mariage, Clotaire fit tuer, sans qu'on sache pourquoi, un tout jeune frère de Radegonde, compagnon de sa captivité, qu'elle aimait tendrement et à qui nul crime ne pouvait être imputé.

La reine fut à la fois accablée et indignée de cet attentat, et d'autant plus qu'elle paraît, d'après quelques mots qui lui échappèrent plus tard, avoir été la cause innocente de la mort de son frère. « Ce jour-là, » disait-elle, « je me suis sentie deux fois esclave; j'ai subi de nouveau tout le poids du joug

---

[1] BOLLAND., p. 76. — La religieuse Baudonivia, en racontant ce trait, dit : « Quod audivimus dicimus, et quod vidimus testamur. » Il est probable qu'avant de suivre la reine dans le cloître, elle fit partie de sa maison laïque.

ennemi[1]. » Nul ne nous a dit ce qui se passa à cette occasion entre Radegonde et son maître. Nous voyons seulement que ce crime fut le signal de sa délivrance. Avec la permission de son mari, obtenue on ne sait comment, elle quitta la résidence royale de Soissons et s'en vint à Noyon, auprès de l'évêque Médard, qui avait sur le roi et sur toute la nation un extrême ascendant.

Elle va le trouver à l'autel où il célébrait et le supplie de la consacrer à Dieu en lui donnant le voile. L'évêque hésite et résiste ; les seigneurs francs qui se trouvaient là l'entourent, le font descendre violemment de l'autel et lui interdisent de consacrer à Dieu une femme dont le roi avait fait une reine en l'épousant publiquement. Mais alors Radegonde va prendre dans la sacristie un habit de religieuse dont elle se revêt elle-même, et, revenant vers l'autel, elle dit à l'évêque : « Si « tu tardes à me consacrer, si tu crains plus

---

1. Greg. Tur., III. — Fortunat.

« un homme que Dieu, le bon pasteur te de-
« mandera compte de l'âme de sa brebis. »
A ces mots, Médard demeure comme frappé
de la foudre, et aussitôt il lui impose les
mains et la consacre diaconesse[1]. Clotaire
lui même n'osa pas d'abord revenir sur ce qui
avait été fait. La nouvelle religieuse, usant
de sa liberté reconquise, allait de sanctuaire
en sanctuaire, semant partout, en guise d'of-
frandes, ses bijoux et ses vêtements de reine.
Franchissant la Loire, elle s'arrêta d'abord
à Tours, auprès du tombeau de saint Martin,
où affluaient alors les pèlerins et les malheureux de toute la chrétienté, et où elle vit
peut-être son illustre belle-mère Clotilde,
qui était venue attendre la mort auprès du
saint tombeau[2]. Elle s'établit ensuite dans le
domaine de Saix, en Poitou, que son mari
lui avait concédé, et là, vivant en vraie recluse, cette jeune reine, à peine âgée de

1. BOLLAND., *loc. cit.*, p. 70.
2. Mabillon fixe sa mort en 544. Les Bollandistes (die 3 Junii) ne précisent aucune date.

vingt-quatre ans, se mit à pratiquer les plus rigoureuses austérités, mais surtout à se prodiguer aux pauvres et aux malades et à leur rendre les services les plus rebutants. Après avoir baigné elle-même les lépreuses, elle baisait leurs plaies dégoûtantes : « Très-« sainte dame, » lui dit un jour une de ses suivantes, « qui voudra vous embrasser, si « vous embrassez ainsi ces lépreux ? — Eh « bien, » répondit-elle en souriant, « si tu « ne m'embrasses plus jamais, j'en suis déjà « consolée[1]. »

Cependant le bruit se répand que Clotaire, dont l'amour s'était rallumé par l'absence, est en route pour venir la reprendre[2]. Aussitôt, comme pour protester contre tout projet de ce genre, elle s'enveloppe d'un cilice des plus âpres qu'elle adapte à ses membres délicats, redouble ses jeûnes et ses

---

[1]. Sanctissima domina, quis te osculabitur, quæ sic leprosos complecteris ?... Vere, si me non osculeris, hinc mihi non cura est. — BOLLAND., p. 71.

[2]. Fit sonus quasi rex eam iterum vellet accipere. *Ibid.*, p. 70.

veilles, envoie ce qui lui restait d'or et de pierres précieuses à un saint reclus de Chinon, en lui demandant de prier avec ardeur pour qu'elle ne retournât pas dans le monde. « J'aime mieux mourir, » lui fit-elle dire par une vieille suivante, « oui, mourir, plutôt que d'être de nouveau livrée à ce roi d'ici-bas, après avoir déjà joui des embrassements du roi des cieux. » Le solitaire lui promet qu'elle sera exaucée[1]. Alors, rassurée, elle se réfugie près du tombeau de saint Hilaire, à Poitiers, et Clotaire, retenu et dominé encore une fois par une crainte religieuse, lui accorde la permission de construire à Poitiers même un monastère et de s'y enfermer. Quand l'édifice claustral est achevé, elle y entre triomphalement, au milieu de la joie populaire et en fendant les flots des spectateurs, qui, après avoir inondé les places et les rues, couvrent encore les toits des maisons d'où ils pouvaient la voir passer[2].

1. Bolland., p. 76.
2. Ibid., p. 72.

Mais bientôt de nouvelles alarmes vinrent l'y assaillir. Elle apprit que, sous prétexte de dévotion, Clotaire était arrivé à Tours et qu'il se disposait à venir jusqu'à Poitiers pour y chercher celle qu'il appelait sa chère reine. Le saint évêque Médard ne pouvait plus user de son ascendant pour la défendre : il venait de mourir. Mais l'illustre évêque de Paris, Germain, vivait encore; c'est à lui qu'elle écrivit, en le conjurant de faire respecter son vœu. L'évêque alla trouver le roi devant le tombeau de saint Martin, et le supplia à genoux, en pleurant, de ne pas aller à Poitiers.

Clotaire reconnut bien la voix de Radegonde à travers les paroles de Germain, mais il reconnut en même temps qu'il ne méritait pas d'avoir pour reine une femme qui avait toujours préféré la volonté de Dieu à la sienne. Il s'agenouilla à son tour devant l'évêque et le pria d'aller demander pardon à la sainte de tout ce que de mauvais conseils lui avaient fait entreprendre contre elle. Et désormais il la laissa en paix[1].

Radegonde s'occupa alors de constituer sur une base solide la retraite claustrale où elle devait passer les quarante dernières années de sa vie. Elle créa tout auprès de son couvent un collége de moines destinés à le desservir[2]; ces deux établissements ainsi rapprochés donnèrent en Gaule le premier exemple de ces monastères doubles qu'on rencontrera si souvent dans la suite de cette histoire. La communauté de femmes auprès de qui ces religieux devaient exercer le saint ministère en leur administrant les sacrements et en célébrant leurs funérailles était très-nombreuse. La reine y attira jusqu'à deux cents jeunes filles de races et de conditions diverses, et parmi elles des Gauloises de famille sénatoriale et des princesses franques du sang des

---

1. BOLLAND., p. 76.
2. M. Varin, dans son curieux *Mémoire sur les causes de la dissidence entre l'Église bretonne et l'Église romaine,* Paris, 1858, in-4, p. 104 à 118, a longuement et savamment examiné l'origine de ce double monastère, dont l'existence avait déjà été constatée par Mabillon, *Ann. Bened.*, t. I, p. 124.

Mérovingiens[1]. Mais elle ne voulut pas les gouverner elle-même et fit élire pour abbesse une jeune fille nommée Agnès, qu'elle avait élevée. S'astreignant sévèrement au rang et aux obligations de simple religieuse, elle faisait elle-même la cuisine quand son tour était venu, allumait le four, tirait l'eau du puits, portait d'énormes faix de bois, lavait la vaisselle, balayait les ordures, nettoyait les chaussures des religieuses pendant que celles-ci dormaient encore. Elle se réservait le privilége de passer tout le carême seule, enfermée dans sa cellule, ne se nourrissant que de racines cuites sans huile, sel ni pain, et buvant si peu d'eau qu'elle en avait la gorge desséchée au point de pouvoir à peine chanter un psaume. Elle n'en poursuivait pas moins ses études sur les Pères et sur les saintes Écritures ; elle lisait assidûment saint Grégoire de Nazianze, saint Basile, saint Athanase, saint Hilaire, saint Ambroise, saint Jé-

---

[1] GREG. TURON., *de Glor. Confessor.*, c. 106.

rôme, saint Augustin, Sedulius et Paul Orose. Elle continuait surtout à s'occuper des pauvres et de leurs plus répugnantes infirmités avec la plus courageuse persévérance[1]. Mais cette sincère et active humilité ne l'empêchait pas d'être considérée par toutes les religieuses, ainsi que par toute l'Eglise, comme la véritable supérieure du monastère qu'elle avait fondé. A sa prière, les évêques du deuxième concile de Tours sanctionnèrent la clôture irrévocable des vierges consacrées à Dieu, selon la règle de saint Césaire, car elle alla jusqu'à Arles pour y étudier et en rapporter la règle sage et sévère que ce grand prêtre y avait instituée, un siècle auparavant, pour le monastère que gouvernait sa sœur. Elle avait d'ailleurs besoin de cette protection du dehors, car l'évêque de Poitiers, Mérovée, lui témoigna jusqu'à sa mort une hostilité invétérée[2].

En outre, pour mieux orner son cher sanc-

1. BOLLAND., p. 68, 72.
2. GREG. TURON., *Hist.*, l. IX, c. 39, 40.

tuaire, elle envoya demander à l'empereur Justin, à Constantinople, un fragment de la vraie croix qu'il lui accorda. Nouvelle Hélène, elle reçut avec des transports de joie la sainte relique, qui donna son nom au monastère de Radegonde, et ce fut à l'occasion de cette translation que l'on entendit retentir pour la première fois les accents sublimes du *Vexilla regis* et du *Pange lingua*[1], hymnes nouvelles que cette solennité inspira au poëte Venantius Fortunatus et que toute l'Église chante depuis lors.

Ce Fortunatus[2] était un laïque italien qui, en venant visiter les sanctuaires de la Gaule,

---

1. Il s'agit du *Pange lingua* qui se chante à l'office du vendredi saint. Le P. Sirmond et les auteurs de l'*Histoire littéraire de la France* contestent à Fortunat la paternité de cette hymne, qu'ils attribuent à Claudien Mamert; mais le dernier éditeur de Fortunat prouve, d'après les plus anciens manuscrits, qu'elle doit lui être restituée. VENANT. FORTUNATI *Opera omnia*, lib. II, c. 2, éd. D. Mich.-Ang. LUCHI. Rome, 1786, in-4, p. 37.

2. Né à Ceneda, près Trévise, en 530. Il ne devint évêque de Poitiers qu'en l'année 599, douze ans après la mort de Radegonde.

s'était fixé à Poitiers par affection pour Radegonde, et s'y était fait ordonner prêtre. Il fut longtemps après évêque de cette ville et biographe de Radegonde; mais il n'était alors renommé que par son talent poétique, très-recherché et très-admiré par les Gallo-Francs. La reine cloîtrée en avait fait son secrétaire et l'intendant des biens du monastère. Dans des vers où les souvenirs classiques et le bel esprit se rencontrent peut-être trop souvent avec les inspirations de la foi catholique, il entre dans une foule de détails curieux sur l'aimable et touchante intimité qui régnait entre lui, l'abbesse Agnès et Radegonde, ainsi que sur les soins gracieux et vigilants dont elles l'entouraient. Tantôt il offre à ses deux amies, aux premiers jours du printemps, des violettes à défaut de roses et de lis, pour orner les autels de l'église monastique, et leur faciliter ainsi l'habitude qu'elles avaient de parer leur sanctuaire de fleurs variées selon les saisons, en se rappelant toujours le parfum des fleurs éternelles.

8.

Tantôt il leur envoie des châtaignes ou des prunelles dans des corbeilles qu'il avait tressées de ses mains, comme les Pères du désert. Elles à leur tour lui adressaient du miel, des œufs, de la crème, du lait caillé et d'autres mets rustiques, dont il célébrait la saveur avec une reconnaissance trop emphatique sans doute, mais qui redoublait d'intensité quand elles l'invitaient à des collations exceptionnelles pour le faire juger des adoucissements qu'il eût voulu étendre à la communauté tout entière. C'était surtout auprès de Radegonde elle-même qu'il insistait pour obtenir qu'elle voulût bien modérer ses abstinences, ses macérations excessives et boire un peu de vin afin de prolonger ses jours. Son rêve eût été de continuer indéfiniment cette sorte de vie à trois, et, après avoir ainsi vécu, de mourir le même jour que ses amies. Il supportait difficilement les interruptions amenées dans cette relation si douce, soit par des voyages obligatoires, soit par la reclusion quadragésimale de Radegonde. Il se comparait alors à l'agneau privé de sa mère, et la prière seule pouvait le consoler de l'absence de celle qu'il appelait la lumière de sa vie[1]. Car une pensée religieuse se retrouve presque toujours au bout de ses madrigaux, et, quelque singulière que puisse nous paraître la naïve familiarité de ses effusions poétiques, il faut le croire quand il prend le Christ à témoin de l'innocente ardeur de ses sentiments pour la jeune abbesse, qu'il aimait comme une sœur, et pour l'auguste fondatrice, qui lui permettait d'user avec elle de la respectueuse familiarité d'un fils[2]. Il mettait

---

1. Vos quoque, quæ struitis hæc, Agnes cum Radegunde,
    Floribus æternis vester anhelet odor...
  O regina potens, cui aurum et purpura vile est,
    Floribus ex parvis, te veneratur amans....
            Fortunati *Opera*, lib. viii, c. 10, 11, 12.
            Cf. l. xi, c. 2, 7, 13.
  Qualiter agnus amans genitricis ab ubere pulsus
    Tristis et herbosis anxius errat agris...
  Nec sumus absentes si nos oratio dulcis
    Præsentes semper cordis amore tenet...
            Ibid. Vers inédits découverts par M. Guérard.

2. Mater honore mihi, soror autem dulcis amore,
    Quam pietate, fide, pectore, corde, colo.

d'ailleurs sa plume et son talent au service de Radegonde, dans des occasions plus sérieuses, par exemple en écrivant pour elle aux Césars byzantins. Il faisait alors parler la reine elle-même dans ses vers, comme il l'a fait dans une pièce célèbre où il suppose que la sainte conservait, à cinquante ans, le souvenir poignant et passionné de son pays ravagé, de sa famille égorgée, et d'un cousin alors réfugié à Constantinople et qui avait peut-être partagé les premiers jours de sa captivité, lorsqu'elle-même, traînée en esclavage, avait quitté pour toujours sa patrie désolée.

> Cœlesti affectu, non crimine corporis ullo,
> Non caro, sed hoc quod spiritus optat, amo.
> Testis adest Christus, Petro, Pauloque ministris,
> Cumque piis sociis sancta Maria videt,
> Te mihi non aliis oculis, animoque fuisse,
> Quam soror ex utero tu Titiana fores :
> Ac si uno partu Mater Radegundes utrosque
> Visceribus castis progenuisset, eram.
>
> FORTUNAT, XI, 6.

Nous renvoyons de nouveau à la réfutation péremptoire que M. Gorini a opposée aux suppositions erronées de MM. Ampère et Augustin Thierry sur cette liaison.

SAINTE RADEGONDE

Comme on a dit que Radegonde elle-même avait dicté ces vers où respire le sentiment d'une véritable poésie et d'une poésie toute germanique de ton et d'inspiration, nous en citerons à notre tour quelques passages exactement traduits :

« Lorsque le vent murmure, j'écoute s'il m'apporte quelque nouvelle; mais de tous mes proches, pas même une ombre ne se présente à moi... Et toi, Amalafroy, doux fils du frère de mon père, est-ce qu'aucun souci de moi ne vient mordre ton cœur? As-tu oublié ce qu'était pour toi Radegonde dans tes premières années, et combien tu m'aimais, et comment tu me tenais lieu du père que j'avais perdu, et de mère, et de frère, et de sœur? Toute petite tu me prenais tendrement les mains, tu me donnais de doux baisers, et ta paisible haleine me caressait... Une heure passée loin de toi me semblait éternelle; maintenant les siècles passent sans que j'entende jamais ta parole. Tout un monde gît maintenant entre ceux qui s'aimaient, et qui jadis ne se quittaient jamais. Ce qui me désole surtout, c'est de ne recevoir de toi aucun signe de vie; une lettre me peindrait ce visage que je désire et ne puis contempler. Si d'autres, par simple pitié, vont à la recherche de leurs esclaves enlevés, à travers les Alpes, pourquoi suis-je oubliée, moi qui te tiens par le sang? En quel lieu es-tu? Je le demande au vent qui siffle, aux nuages qui passent; je voudrais qu'au moins quelque oiseau m'apportât des nouvelles. Si la sainte clôture de ce monastère ne me contenait, tu me verrais arriver tout à coup auprès de toi. Je traverserais les plus grosses mers, en plein hiver, s'il le fallait. Ce qui effraye les matelots ne me ferait pas peur, à moi qui t'aime. Si mon vaisseau se brisait dans la tempête, je m'attacherais à une planche pour te rejoindre; et si je ne trouvais aucun débris, j'irais jusqu'à toi en nageant, épuisée! En te revoyant je nierais jusqu'aux périls de la traversée; et si je me noyais en route, tu me ferais une tombe dans le sable, et tu pleurerais morte, en l'enterrant, celle dont, vivante, tu dédaignes les larmes[1]. »

Mais, si la sainte recluse permettait au littérateur italien d'évoquer en son nom ces images passionnées du passé, de sa patrie et de ses jeunes affections, il n'en apparaissait guère de trace dans sa vie religieuse. Tout au contraire, elle avait concentré sur sa famille monastique toute l'ardeur de sa ten-

---

1. Specto libens aliquam si nuntiet aura salutem,
    Nullaque de cunctis umbra parentis adest...
Vel memor esto, tuis primævis qualis ab annis,
    Hamalefrede, tibi tunc Radegundes eram...
Inter amatores totusque interjacet orbis..
    Quæ loca te teneant, si sibilat aura, requiro ;
Nubila, si volites, pendula posco locum...
    Prospera vel veniens nuntia ferret avis !
Sacra monasterii si me non claustra tenerent,
    Improvisa aderam, qua regione sedes...
Et quod nauta timet non pavitasset amans...
    Ad te venissem, lassa, natante manu.
Cum te respicerem, peregrina pericla negassem...
    Vel tumulum manibus ferret arena tuis...
Qui spernis vitæ fletus, lacrymatus humares...

M. Augustin Thierry a reproduit le texte complet de cette pièce, intitulée *de Excidio Thuringiæ ex persona Radegundis*, à la fin de ses *Récits mérovingiens*, en profitant des variantes découvertes par M. Guérard.

dresse[1]. Quand elle voyait réunie autour d'elle sa jeune et nombreuse couvée, elle leur disait sans cesse : « Je vous aime tant « que je ne me souviens plus ni d'avoir eu « des parents, ni d'avoir épousé un roi. Je « n'aime plus que vous, jeunes filles que j'ai « choisies, vous, jeunes fleurs que j'ai plan- « tées, vous, mes yeux, vous, ma vie, vous, « mon repos et tout mon bonheur[2]. » Ainsi entourée, elle savait se rendre étrangère à tous les bruits du dehors. Un soir, c'est Fortunat lui-même qui nous le raconte, vers la chute du jour, des musiciens passaient le long des murs du monastère en dansant et chantant à grand bruit. La sainte était en prières avec deux de ses sœurs; l'une d'elles lui dit gaiement : « Madame, je reconnais « dans les airs que chantent ces danseurs un « de ceux que je chantais moi-même autre-

---

1. Deque tui similis mihi cura sororibus hæc est,
    Quas consanguineo cordis amore colo...
2. Vos, mea lumina; vos, mea vita;... vos, novella plantatio.
    BAUDONIVIA, *Monialis æqualis*, ap. BOLLAND., p. 77.

« fois. » — « En vérité, » répondit la reine, « j'admire que, appartenant au Seigneur, tu « te plaises à écouter ces bruits du monde. » — « Mais vraiment, » reprend la sœur, c'est « que je retrouve là deux ou trois de mes « propres chansons. » — « Eh bien, quant à « moi, » réplique la reine, « je prends Dieu « à témoin que je n'ai pas entendu une « seule note de cette musique profane[1]. »

Et cependant, toute dominée qu'elle fût par ces affections du cloître et la pensée du ciel, elle n'en conservait pas moins la plus vive sollicitude pour les intérêts de la maison royale et du pays où son mariage l'avait fixée. Au plus fort des luttes entre ses deux belles-filles, l'atroce Frédégonde et Brunehaut, elle intervenait sans cesse pour prêcher la paix et la réconciliation. Le salut de la patrie, nous dit la fidèle compagne de

---

1. VENANTIUS FORTUNAT., *loc. cit.*, p. 74. — Ces deux traits, que M. Thierry n'a pas jugé à propos de tirer des sources qu'il a si souvent citées, eussent suffi pour rectifier son appréciation du caractère de Radegonde.

sa vie, la préoccupait toujours ; elle tremblait de tout son corps quand elle apprenait quelque nouvelle rupture. Tout en penchant peut-être du côté de Brunehaut et de ses enfants, elle embrassait tous les princes mérovingiens dans son amour. Elle écrivait à tous les rois l'un après l'autre, puis aux principaux seigneurs, pour les conjurer de veiller aux véritables intérêts du peuple et du pays. « La « paix entre les rois est ma victoire », disait-elle, et pour l'obtenir du roi céleste elle faisait prier avec ardeur toute sa communauté, en redoublant pour son propre compte de jeûnes, de pénitences et de charités[1].

Car cette femme, qu'on voudrait nous représenter comme « recherchant une sorte de compromis entre l'austérité monastique et les habitudes mollement élégantes de la so-

---

[1]. Semper de salute patriæ curiosa... Ut, eis regnantibus, populi et *patria* salubrior redderetur. BAUDONIVIA, *loc. cit.*, p. 78. Cf. p. 80, sur Brunehaut. — C'est une première réponse à ce professeur qui écrivait, il y a quelques années, que le mot de *patrie* était inconnu dans le monde chrétien avant la renaissance.

ciété civilisée¹, » était non-seulement la première à pratiquer ce qu'elle enseignait aux autres, mais elle s'infligeait de véritables tortures pour mieux réduire son corps en servitude. Il est vrai que, pleine d'indulgence pour ses compagnes, elle leur permettait des relations fréquentes avec leurs amies du dehors, des repas en commun, et jusqu'à des divertissements dramatiques, dont l'usage s'introduisait dès lors et s'est longtemps maintenu dans les communautés lettrées du moyen âge². Mais elle se refusait à elle-même toute récréation comme tout adoucissement à la règle. Elle alla jusqu'à faire rougir au feu une croix de métal qu'elle imprima sur sa chair encore trop délicate à son gré, comme le stigmate sacré de son amour pour le Sauveur crucifié³.

Jusqu'à sa mort elle porta sur sa chair nue

1. AUG. THIERRY, *Récits mérovingiens*, t. II, p. 153, 7ᵉ édition.
2. GREG. TUR., *Hist.*, X, 245. — Cf. MAGNIN, *Journal des savants*, mai 1860.
3. VENANT. FORTUNAT, loc. cit.

une chaîne de fer qu'elle avait reçue en don d'un seigneur poitevin nommé Junien, qui avait comme elle quitté le monde pour la solitude, et qui maintenait, par le ciment de la charité, une troupe nombreuse de moines sous la règle que le disciple chéri de saint Benoît venait d'apporter en Gaule. Digne émule de la charité de Radegonde, il entretenait à grands frais des troupeaux et de riches basses-cours, afin de donner aux pauvres paysans des attelages pour la culture, des vêtements, des œufs et des fromages, et jusqu'à des volailles pour les malades. Il ne portait pas d'autres vêtements que les habits de laine que la reine filait pour lui. Ils étaient convenus de prier l'un pour l'autre après leur mort; ils moururent le même jour (13 août 587), à la même heure, et les messagers qui partirent à la fois de Sainte-Croix de Poitiers et du cloître habité par Junien se rencontrèrent à moitié chemin avec la même funèbre nouvelle[1].

1. WULFINUS EPISC., *Vit. S. Juniani*, ap. LABBE, *Nov.*

Grégoire de Tours vint célébrer les obsèques de la sainte reine et nous a raconté comment, jusque dans le cercueil, sa beauté l'éblouissait encore. Autour de ce cercueil, les deux cents religieuses de noble race qu'elle avait retirées du monde pour les donner à Dieu, psalmodiaient une sorte d'élégie où elles célébraient les vertus de leur abbesse et l'amour qu'elle leur inspirait, mais qu'interrompait sans cesse l'explosion de leur douleur. « Nous voici orphelines ! » disaient-elles. « Nous avons abandonné parents, ri-
« chesses et patrie pour te suivre. Et voici
« que tu nous laisses en proie aux larmes
« perpétuelles, à une douleur sans fin ! Avec
« toi ce monastère nous paraissait plus grand
« que les villes et les campagnes les plus spa-
« cieuses, car tu remplissais tout et tu nous
« tenais lieu de tout. En te voyant, nous

Bibl. MS., t. II, p. 572. — Il ne faut pas confondre ce Junien, abbé de Mairé en Poitou, avec un autre saint Junien, ermite, qui a donné son nom à la ville de ce nom en Limousin. Cf. BOLLAND., t. III Aug., p. 32, et t. VII Octobr., p. 841.

« pensions contempler les vignes en fleur,
« les moissons aux épis soyeux, les prés fleu-
« ris. Tu étais pour nous la rose, le lis, la
« violette. Ta parole resplendissait devant
« nous comme le soleil, et, comme la lune,
« elle allumait le flambeau de la vérité dans
« les ténèbres de notre conscience. Tout est
« maintenant pour nous sombre et vide...
« Heureuses, mille fois heureuses celles qui
« sont mortes de ton vivant! » Puis, lorsque Grégoire conduisit le corps au cimetière, où la sévère clôture prescrite par Radegonde, d'après la règle de Saint-Césaire, interdisait aux religieuses de le suivre, il les vit se presser aux fenêtres, sur les murs et les créneaux du monastère, et supplier à grands cris qu'on laissât reposer un moment ce cher cercueil au bas d'une tour de l'enceinte pendant que leurs lamentations, leurs sanglots et leurs battements de mains étouffaient la voix des chantres et rendaient un dernier hommage à la royale fondatrice. Au retour de la funèbre cérémonie, Grégoire, qui nous a raconté tous

ces détails, fut conduit par l'abbesse Agnès et ses religieuses dans tous les endroits où Radegonde avait coutume de lire ou de prier. « Voici, » disait Agnès en sanglotant, « nous
« voici dans sa cellule ; mais nous n'y retrou-
« vons plus notre mère. Voici la place où elle
« s'agenouillait pour implorer avec larmes
« la miséricorde de Dieu ; mais nous ne l'y
« voyons plus. Voici le livre qu'elle lisait ;
« mais sa voix, trempée du sel de la sagesse,
« ne retentit plus à nos oreilles. Voici les
« fuseaux qui lui servaient à filer au milieu
« de ses longs jeûnes ; mais ses beaux chers
« doigts, nous ne les verrons plus jamais [1]. »

Avant de mourir, la reine avait dressé une sorte de testament où elle ne prenait d'autres qualifications que celle de *Radegonde, péche-*

---

1. Reperimus eam jacentem in feretro, cujus sancta facies ita fulgebat ut liliorum rosarumque sperneret pulchritudinem... Ita ut inter sonos fletuum atque conlisiones palmarum... Ecce fusa in queis... nectere solita... et almi sanctitate digiti non cernuntur. . *De Gloria confess.*, c. 106. Rogaverunt desursum ut subtus turrim repausaretur feretrum .. BALDONIVIA, c. 37, 38. — Cf. MAGNIN, l. c.

resse, et où elle mettait son cher monastère sous la protection de saint Martin et de saint Hilaire, en conjurant les évêques et les rois de traiter comme spoliateurs et persécuteurs des pauvres ceux qui tenteraient de troubler la communauté, d'en changer la règle ou d'en déposséder l'abbesse.

Mais c'était plutôt des désordres intérieurs que des ennemis du dehors qu'il eût fallu pouvoir préserver son œuvre. De son vivant déjà, une des recluses avait sauté par-dessus le mur de l'abbaye et s'était allée réfugier dans l'église de Saint-Hilaire, en vomissant mille calomnies contre l'abbesse. On l'avait fait rentrer en la hissant avec des cordes à l'endroit même du rempart par où elle était descendue, et elle avait reconnu la fausseté de ses accusations contre Agnès et Radegonde[1].

Après leur mort ce fut bien pis. Parmi les princesses franques qu'elle avait attirées ou

---

1. Greg. Turon, *Hist. eccl.*, l. x, c. 40.

recueillies à l'ombre du sanctuaire de Sainte-Croix, il y en avait deux qui avaient conservé toute la fougue barbare, et qui, bien loin de profiter des exemples de la veuve de Clotaire, ne se montrèrent que trop fidèles au sang de leur aïeul. C'était Chrodielde, fille du roi Caribert, et l'infortunée Basine, fille du roi Chilpéric et de la reine Audovère, que Frédégonde, son infâme belle-mère, avait jetée dans le cloître après l'avoir fait déshonorer par ses valets[1]. A la mort de l'abbesse Agnès, qui suivit de près sa bienfaitrice dans la tombe, Chrodielde, irritée de n'avoir pas été élue à sa place, forma un complot contre la nouvelle abbesse Leubovère, et sortit du monastère avec sa cousine et quarante autres religieuses, en disant : « Je vais trouver les rois mes
« parents pour leur faire connaître l'igno-
« minie qu'on nous inflige, car on nous traite
« ici non pas comme des filles de rois, mais
« comme des filles de misérables esclaves. »

1. Greg. Turon., *Hist. eccl.*, l. v, c. 40.

Sans écouter les remontrances de l'évêque, elles brisèrent les serrures et les portes, et s'en allèrent à pied de Poitiers à Tours, où elles arrivèrent haletantes, maigres et épuisées, par des chemins que les grandes pluies venaient d'abîmer, et sans que personne sur la route eût voulu leur donner à manger. Elles se présentèrent à Grégoire de Tours, qui leur lut la sentence d'excommunication que le concile de Tours avait prononcée contre les religieuses coupables du bris de clôture, les conjura de ne pas détruire ainsi la fondation de la sainte reine Radegonde, et leur offrit de les ramener à Poitiers. « Non, « non, » disait Chrodielde, « nous irons « trouver les rois. »

Grégoire obtint au moins qu'elles attendraient l'été. Le beau temps étant venu, Chrodielde laissa sa cousine et ses compagnes à Tours, et alla rejoindre son oncle Gontran, roi de Bourgogne, qui la reçut bien et nomma des évêques pour connaître du différend. Revenue à Tours, elle trouva que plusieurs des fugitives s'étaient laissé séduire et marier. Elle s'en retourna à Poitiers avec les autres, et toutes s'installèrent dans l'église de Saint-Hilaire, avec une troupe de voleurs et de bandits pour les défendre, disant toujours : « Nous sommes reines et nous ne ren-« trerons au monastère que lorsque l'abbesse « en sera chassée. » Alors le métropolitain de Bordeaux vint avec l'évêque de Poitiers et deux autres de ses suffragants, et, sur leur refus opiniâtre de rentrer, il leur dénonça l'excommunication. Mais les bandits qu'elles avaient pris à leur solde se jetèrent sur les évêques, les firent rouler sur le pavé de l'église, et cassèrent la tête à plusieurs diacres de leur suite. Une terreur panique s'empara du cortége épiscopal ; chacun se sauva comme il put. Chrodielde envoya ensuite des gens pour s'emparer des terres du monastère, se faisant obéir par les vassaux à force de coups, et menaçant toujours, si elle rentrait au monastère, de jeter l'abbesse par-dessus les murailles. Le roi Childebert, le comte du

Poitou, les évêques de la province de Lyon, intervinrent tour à tour sans plus de succès. Cela dura ainsi toute l'année. Les froids de l'hiver contraignirent les révoltées de se séparer, car elles n'avaient d'autre gîte que l'église, où elles ne pouvaient faire assez de feu pour se chauffer[1].

Cependant la discorde se mit entre les deux cousines, dont chacune prétendait commander, à titre de princesse du sang royal. Mais Chrodielde maintint sa suprématie; elle en profita pour prendre l'offensive et lancer sa troupe de bandits contre le monastère. Ils y pénétrèrent de nuit, les armes à la main, enfoncèrent les portes à coups de hache et en arrachèrent l'abbesse, qui, toute percluse de goutte et pouvant à peine marcher, s'était levée au bruit pour aller se prosterner de-

---

[1]. Vado ad parentes meos reges... quia non ut filiæ regum, sed ut malarum ancillarum genitæ in hoc loco humiliamur... Quia reginæ sumus, nec prius in monasterium nostrum ingrediemur, nisi abbatissa ejiciatur foras... GREG. TURON., *Hist. eccl.*, l. IX, c. 39, 43.

vant la châsse qui renfermait la vraie croix. Ils la traînèrent à demi nue jusqu'à l'église de Saint-Hilaire et l'enfermèrent dans le lieu qu'habitait Basine. Chrodielde donna ordre de la poignarder sur l'heure, si l'évêque ou tout autre s'efforçait de la mettre en liberté. Après quoi elle fit piller son ancien monastère de fond en comble : plusieurs religieuses furent blessées, et des serviteurs restés fidèles à l'abbesse furent égorgés jusque sur le sépulcre de Radegonde. Basine, blessée par l'orgueil de sa cousine, profita du voisinage de l'abbesse captive pour faire mine de se réconcilier avec elle; mais ce fut sans résultat.

Les batailles et les meurtres continuèrent de plus belle, jusqu'à ce qu'enfin les rois Gontran de Bourgogne et Childebert d'Austrasie, oncle et cousin des deux principales coupables, prirent la résolution de mettre un terme à ce scandale sanglant. Ils convoquèrent de nouveau les évêques; mais Grégoire de Tours déclara qu'ils ne s'assembleraient point jusqu'à ce que la sédition eût été réprimée par le bras séculier. Alors le comte de Poitiers, que toute la population de la ville semble avoir appuyé, fit une attaque en règle contre la basilique bâtie par Radegonde et transformée en citadelle. Ce fut en vain que Chrodielde fit faire une sortie à ses satellites et que, les voyant repoussés, elle alla au-devant des assiégeants, la croix à la main, en s'écriant : « Ne me faites rien, car je suis « reine, fille de roi, cousine et nièce de vos « rois; ne me faites rien, sans quoi il viendra « un temps où je me vengerai de vous[1]. » On épargna sa personne. Mais ses sicaires furent saisis et livrés à divers supplices. Puis les évêques procédèrent, dans l'église même qui venait d'être délivrée, au jugement de la contestation. Chrodielde, que la défaite n'avait pu abattre, se constitua l'accusatrice de l'abbesse Leubovère; elle reprocha à cette pau-

---

1. Nolite super me, quæso, vim inferre, quæ sum regina, filia regis, regisque alterius consobrina... GREG. TURON., *Hist. eccl.*, l. x, c. 16.

vre goutteuse alitée d'avoir à son service un homme habillé en femme, de jouer aux dés, de manger avec des séculiers, et autres imputations encore moins sérieuses. Elle se plaignait en même temps de ce que ses compagnes et elles n'avaient pas de quoi manger ou se vêtir, et d'avoir été battues. L'abbesse se justifia sans peine ; les deux princesses furent contraintes d'avouer qu'elles n'avaient aucun crime capital à lui reprocher. . . . . . .

. . . .

. . . . . . Alors les évêques les déclarèrent excommuniées et rétablirent l'abbesse dans le monastère dont elle avait été arrachée. Les princesses rebelles ne se soumirent pas pour cela ; elles allèrent trouver leur cousin le roi Childebert, et lui dénoncèrent l'abbesse comme envoyant tous les jours des messages à son ennemie Frédégonde. Il eut la faiblesse de recommander ses cousines aux évêques qui allaient s'assembler pour un nouveau concile à Metz. Mais là Basine se sépara définitivement de sa cousine ; elle se prosterna devant les évêques, demanda pardon et promit de retourner à Sainte-Croix de Poitiers pour y vivre selon la règle. Chrodielde, au contraire, déclara qu'elle n'y remettrait jamais les pieds tant que l'abbesse y serait, et on finit par lui permettre d'habiter près de Poitiers un domaine que le roi lui donna.

Ce contraste confus de tant de forfaits avec tant de vertus; ces religieux chez qui la charité envers le prochain n'était égalée que par leur dureté envers eux-mêmes, et ces bandits commandés par des religieuses débauchées; ces filles de rois francs et germains, les unes transfigurées par la foi et la poésie, les autres subissant ou infligeant les plus infâmes outrages; ces rois tour à tour féroces ou complaisants; ce grand évêque debout près du tombeau de son immortel prédécesseur, prêchant à tous l'ordre et la paix; les meurtres et les sacrilèges en face du culte passionné des reliques les plus vénérables; l'audace et la longue impunité du crime à côté de tous ces prodiges de ferveur et d'austérité; en un mot, toute cette mêlée de saints et de scélérats offre la plus fidèle peinture du long combat que livraient chaque jour la vertu et la dignité chrétienne à la violence des barbares et à la mollesse des Gallo-Romains, énervés par la longue habitude du despotisme. Les moines et les religieuses furent les héros et les instruments de cette lutte. Avant de faire place à une période lumineuse et pacifique sous les premiers Carlovingiens, nous la verrons durer deux siècles encore, pour renaître plus tard sous des formes nouvelles et contre de nouveaux adversaires.

En l'année même (590) où ce scandale troublait toute la Gaule au midi de la Loire, à l'autre extrémité du pays soumis à la royauté franque, au pied des Vosges, entre le Rhône et le Rhin, on vit naître le monastère fameux de Luxeuil, fondé par un missionnaire celte, saint Colomban, et destiné à devenir pour un temps la métropole monastique de la domination franque. C'est là qu'il faudra désormais chercher le foyer de la vie religieuse dans les Gaules, et étudier l'action des moines sur la royauté et le peuple des Francs.

TABLE DES MATIÈRES

CHAPITRE PREMIER

La Gaule conquise par les Francs. . 3

État de la Gaule sous l'empire romain. — Bienfaits relatifs de l'invasion des barbares. — Les Francs arrêtent et refoulent les autres barbares. — Caractères de la domination des Francs dans la Gaule : égalité des Gaulois et des Francs. — Contact funeste de la barbarie franque avec la dépravation des Gallo-Romains. — La noblesse des deux races tient tête aux rois, qui penchent vers l'autocratie et la fiscalité romaines. — Les Francs échappent seuls à l'arianisme : ils respectent la liberté de la foi. — Munificence des Mérovingiens envers les monastères, étrangement mêlée à leurs vices et à leurs crimes. — Les moines viennent assurer l'influence civilisatrice de l'Église sur les Francs.

CHAPITRE II

Arrivée des bénédictins en Gaule. . 31

Saint-Maur à Glanfeuil en Anjou. — Propagation de la règle bénédictine. — Première rencontre de la royauté franque avec les fils de Saint-Benoît : Théodebert et saint Maur.

CHAPITRE III

Relations antérieures des Mérovingiens avec les moines. 46

Clovis et ses fils. — Fondation de Micy près Orléans. — Clovis et saint Maixent. — Saint Léobin torturé par les Francs. — La sœur et la fille de Clovis sont religieuses : celle-ci fonde Saint-Pierre le Vif à Sens. — Les monastères d'Auvergne, rançon des prisonniers et refuge des esclaves : Basolus et Porcianus. — Thierry Ier et saint Nizier. — Clodomir, l'abbé Avit et saint Cloud. — La tonsure et les vocations forcées. — Childebert, le roi monastique par excellence : ses relations avec saint Eusice en Berry, et saint Marculphe en Neustrie.

CHAPITRE IV

Les moines en Armorique. 69

Émigration des moines bretons en Armorique : persistance du paganisme dans cette péninsule : traditions poétiques. — Conversion de l'Armorique par les émigrés bretons. — Les bardes chrétiens : Ysulio et Hervé l'aveugle. — Monastères armoricains : Rhuys; Saint-Matthieu du Bout du Monde; Landevenec; Dol; Samson, abbé de Dol et métropolitain. — Les sept saints de Bretagne, évêques et moines. — Leurs rapports avec Childebert.

CHAPITRE V

Grégoire de Tours et ses récits. Arédius.. 95

Saint Germain, évêque de Paris; abbaye de Saint-Germain des Prés. — Clotaire Ier et saint Médard. — Grégoire de Tours et les fils de Clotaire. Note sur les fondations du roi Gontran en Bourgogne. — L'abbé Arédius proteste contre la fiscalité de Chilpéric et affranchit ses serfs. — L'amour maternel et le chant monastique.

CHAPITRE VI

Sainte Radegonde. 119

Origine de sainte Radegonde et sa captivité. — Clotaire l'épouse. — Note sur sainte Consortia. — Radegonde prend le voile des mains de saint Médard, s'établit à Poitiers et y fonde le monastère de Sainte-Croix. — Clotaire veut la reprendre, saint Germain l'en empêche. — Vie claustrale de Radegonde. — Son voyage à Arles. — Ses relations avec Fortunat. — Ses poésies. — Son indifférence pour le dehors; sa sollicitude pour la paix entre les princes mérovingiens. — Ses austérités. — Son amitié pour le bénédictin saint Junien. — Ils meurent tous deux le même jour. — — Révolte des religieuses de Sainte-Croix sous Chrodielde et Basine, princesses du sang mérovingien. — Elle coïncide avec l'arrivée de Colomban, le grand missionnaire celtique dans les Gaules.

PARIS. — E. DE SOYE, IMPRIMEUR, PLACE DU PANTHÉON, 2.

www.ingramcontent.com/pod-product-compliance
Lightning Source LLC
Chambersburg PA
CBHW060524090426
42735CB00011B/2363